Gestão de
negócios
 sustentáveis

Central de Qualidade — FGV Management
ouvidoria@fgv.br

SÉRIE GESTÃO ESTRATÉGICA E ECONÔMICA DE NEGÓCIOS

Gestão de negócios sustentáveis

Rubens Mazzali
Annibal Schleder
Eduardo Rosa Pedreira

ISBN — 978-85-225-1288-1
Copyright © Rubens Mazzali, Annibal Pedro Schleder Junior, Eduardo Rosa Pedreira

Direitos desta edição reservados à
EDITORA FGV
Rua Jornalista Orlando Dantas, 37
22231-010 — Rio de Janeiro, RJ — Brasil
Tels.: 0800-021-7777 — 21-3799-4427
Fax: 21-3799-4430
editora@fgv.br — pedidoseditora@fgv.br
www.fgv.br/editora

Impresso no Brasil/*Printed in Brazil*

Todos os direitos reservados. A reprodução não autorizada desta publicação, no todo ou em parte, constitui violação do copyright (Lei nº 9.610/98).

Os conceitos emitidos neste livro são de inteira responsabilidade dos autores.

1ª edição — 2013; 1ª reimpressão — 2013; 2ª reimpressão — 2014; 3ª reimpressão — 2018.

Revisão de originais: Sandra Frank
Editoração eletrônica: FA Editoração
Revisão: Jun Shimada
Capa: aspecto:design
Ilustração da capa: André Bethlem

> Mazzali, Rubens
> Gestão de negócios sustentáveis / Rubens Mazzali, Annibal Pedro Schleder Junior, Eduardo Rosa Pedreira. — Rio de Janeiro : Editora FGV, 2013.
> 164 p. — (Gestão estratégica e econômica de negócios (FGV Management))
>
> Publicações FGV Management.
> Inclui bibliografia.
> ISBN: 978-85-225-1288-1
>
> 1. Negócios. 2. Desenvolvimento sustentável. 3. Responsabilidade social da empresa. 4. Governança corporativa. I. Schleder Junior, Annibal Pedro. II. Pedreira, Eduardo Rosa. III. FGV Management. IV. Fundação Getulio Vargas. V. Título. VI. Série.
>
> CDD — 658.408

Aos nossos alunos e aos nossos colegas docentes, que nos levam a pensar e repensar nossas práticas.

Eu tenho um sonho[1]

Hoje, eu tenho um sonho.

Que nós encontraremos o equilíbrio entre desenvolvimento econômico, progresso social e proteção ambiental. Que inclusão, responsabilidade e respeito às leis serão realidade em todas as empresas: pequenas, médias e grandes.

Hoje, eu tenho um sonho.

Que ética e transparência serão propagadas através de todo o planeta.

Que nós confiaremos uns nos outros como uma criança confia em outra criança.

Que nós seremos livres de corrupção, extorsão e suborno.

Hoje, eu tenho um sonho.

Que a natureza será respeitada.

Que nós vamos combater a poluição e o aquecimento global.

Que o respeito às futuras gerações criará novos hábitos de consumo, de uma forma consciente.

Hoje, eu tenho um sonho.

De justiça social e paz em todo o mundo.

Porque trabalhadores e empregadores serão iguais em dignidade e direitos.

Porque toda criança será poupada de qualquer trabalho forçado ou qualquer outra forma de exploração. Meninos e meninas serão capazes de desenvolver todo o seu potencial.

Hoje, eu tenho um sonho.

O futuro será feito da diferença.

---

[1] Vídeo de apresentação da ISO-26000 – Norma internacional de responsabilidade social (ISO, 2009).

Seremos amados pelo que somos de verdade, sem discriminação de cor, religião, gênero ou idade.
As crianças serão apenas crianças.
Não haverá crianças pobres. Não haverá fome.
Hoje, eu tenho um sonho.
Que, como cidadão do mundo, nós reconheceremos nosso valor.
O valor do nosso passado, da nossa cultura e da nossa individualidade.
E com orgulho, nós cuidaremos da nossa comunidade, do nosso planeta e do futuro da humanidade.
Hoje, eu tenho um sonho.
Que criaremos produtos e serviços que melhorem nossas vidas.
Que as empresas serão a base de uma nova sociedade.
E o consumidor será totalmente respeitado.
Hoje, eu tenho um sonho.
Que todo mundo será ouvido.
Que nós aceitaremos nossas responsabilidades.
Que as organizações serão avaliadas pelo cuidado com os outros.
Que nós cuidaremos do meio ambiente e da nossa sociedade, como cuidamos de nós mesmos.
E, quando isto acontecer, todos os que creem na vida terão cumpridos os seus sonhos e os de todos nós.

Sumário

Apresentação 11

Introdução 15

1 | A sustentabilidade estratégica 17
    Conceitos fundamentais e diretrizes internacionais 18
    Shareholders e stakeholders 29
    Os lucros 32
    Os intangíveis e a geração de valor 36
    Gestão das relações com stakeholders 42
    Ferramentas de gestão sustentável 51
    Normas e certificações 52

2 | Ética corporativa no contexto da gestão sustentável de negócios 57
    A dissociação entre ética e negócios: um equívoco a ser superado 58
    A equação sustentável: ética + negócio = sustentabilidade 63

Afinal, o que é ética corporativa? 67
Ética corporativa no Brasil: um breve histórico 72
Ética corporativa: uma análise sistêmica 79
Ética corporativa: um resultado de gestores éticos 83

3 | **Governança corporativa** 93
Definição de governança corporativa 94
Conceitos e diferentes perspectivas da governança corporativa 103
Princípios e valores da governança corporativa 106
Formas de controle 110
Diferentes modelos de governança segundo os exemplos efetivamente praticados 113
Governança corporativa no Brasil 127
As principais tendências da governança corporativa (enquadramento conceitual: as quatro tendências) 135

Conclusão 141

Referências 143

Anexo – Linha do tempo da sustentabilidade 155

Os autores 161

Apresentação

Este livro compõe as Publicações FGV Management, programa de educação continuada da Fundação Getulio Vargas (FGV).

A FGV é uma instituição de direito privado, com mais de meio século de existência, gerando conhecimento por meio da pesquisa, transmitindo informações e formando habilidades por meio da educação, prestando assistência técnica às organizações e contribuindo para um Brasil sustentável e competitivo no cenário internacional.

A estrutura acadêmica da FGV é composta por nove escolas e institutos, a saber: Escola Brasileira de Administração Pública e de Empresas (Ebape), dirigida pelo professor Flavio Carvalho de Vasconcelos; Escola de Administração de Empresas de São Paulo (Eaesp), dirigida pela professora Maria Tereza Leme Fleury; Escola de Pós-Graduação em Economia (EPGE), dirigida pelo professor Rubens Penha Cysne; Centro de Pesquisa e Documentação de História Contemporânea do Brasil (Cpdoc), dirigido pelo professor Celso Castro; Escola de Direito de São Paulo (Direito GV), dirigida pelo professor

Oscar Vilhena Vieira; Escola de Direito do Rio de Janeiro (Direito Rio), dirigida pelo professor Joaquim Falcão; Escola de Economia de São Paulo (Eesp), dirigida pelo professor Yoshiaki Nakano; Instituto Brasileiro de Economia (Ibre), dirigido pelo professor Luiz Guilherme Schymura de Oliveira; e Escola de Matemática Aplicada (Emap), dirigida pela professora Maria Izabel Tavares Gramacho. São diversas unidades com a marca FGV, trabalhando com a mesma filosofia: gerar e disseminar o conhecimento pelo país.

Dentro de suas áreas específicas de conhecimento, cada escola é responsável pela criação e elaboração dos cursos oferecidos pelo Instituto de Desenvolvimento Educacional (IDE), criado em 2003, com o objetivo de coordenar e gerenciar uma rede de distribuição única para os produtos e serviços educacionais produzidos pela FGV, por meio de suas escolas. Dirigido pelo professor Clovis de Faro e contando com a direção acadêmica do professor Carlos Osmar Bertero, o IDE engloba o programa FGV Management e sua rede conveniada, distribuída em todo o país (ver www.fgv.br/fgvmanagement), o programa de ensino a distância FGV Online (ver www.fgv.br/fgvonline), a Central de Qualidade e Inteligência de Negócios e o Programa de Cursos In Company. Por meio de seus programas, o IDE desenvolve soluções em educação presencial e a distância e em treinamento corporativo customizado, prestando apoio efetivo à rede FGV, de acordo com os padrões de excelência da instituição.

Este livro representa mais um esforço da FGV em socializar seu aprendizado e suas conquistas. Ele é escrito por professores do FGV Management, profissionais de reconhecida competência acadêmica e prática, o que torna possível atender às demandas do mercado, tendo como suporte sólida fundamentação teórica.

A FGV espera, com mais essa iniciativa, oferecer a estudantes, gestores, técnicos e a todos aqueles que têm internalizado o conceito de educação continuada, tão relevante na era do conhecimento na qual se vive, insumos que, agregados às suas práticas, possam contribuir para sua especialização, atualização e aperfeiçoamento.

Clovis de Faro
Diretor do Instituto de Desenvolvimento Educacional

Ricardo Spinelli de Carvalho
Diretor Executivo do FGV Management

Sylvia Constant Vergara
Coordenadora das Publicações FGV Management

Introdução

Algumas pessoas – ou consumidores potenciais –, ao se depararem com o título deste livro na estante, poderão imaginar que o conteúdo trata de questões ambientais, tais como a extinção do mico-leão-dourado ou da ararinha azul, ou, quem sabe, de questões relativas ao aquecimento global e seus efeitos no desmatamento da floresta Amazônica. Essas questões estão contidas neste livro, mas de modo indireto; afinal são todos membros do seleto grupo de *stakeholders* do meio ambiente. Porém, tais assuntos não estão no centro do tema da gestão sustentável, ou, ao menos, no viés pelo qual estes autores optaram. Assim, tais pessoas poderão ter suas expectativas frustradas, dado que esperavam um conteúdo diferente do que encontrarão se adquirirem o livro. Ou não. Essa abordagem não exclusivamente "verde" e mais equilibrada nas cores dos aspectos sociais, econômicos e também ambientais pode situar-se além dessa expectativa inicial, superá-la, e o efeito será positivo aos olhos delas.

Ao ler esta introdução, você, caro leitor, já faz parte de um dos importantes públicos de relacionamento destes autores. Você é, como veremos, um de nossos importantes *stakeholders*.

Atender ou superar sua expectativa é nosso dever; caso contrário, o frustraremos, e este livro perderá valor – e um livro sem valor é apenas um monte de papel.

Nas empresas e demais organizações, uma gestão sustentável zelará pela geração de valor aos seus acionistas/cotistas e também aos seus demais públicos de relacionamento, como clientes, consumidores, fornecedores, colaboradores, Estado, comunidade e, até mesmo, o meio ambiente. Geração de valor é item fundamental nas pautas estratégicas das organizações. Esse fato reservou importante espaço para este livro na Série Gestão Estratégica e Econômica de Negócios e dará a você, leitor, a visão que nós, autores, temos a respeito dos mecanismos de geração de valor que estão à disposição dos gestores de hoje, responsáveis pelo futuro.

O primeiro capítulo trata de conceitos fundamentais da sustentabilidade corporativa, passando pelo entendimento dos ativos e passivos intangíveis, lucro contábil e lucro econômico e a geração de valor aos acionistas, sempre levando em conta o equilíbrio das relações com todos os *stakeholders* nas dimensões do curto e longo prazo. Neste capítulo também são apresentadas ferramentas disponíveis a uma gestão sustentável.

No capítulo dois, procuramos demonstrar que a geração de valor trabalhada no capítulo anterior só se viabiliza em organizações que alicerçam sua missão em outro importante conjunto de valores: a ética corporativa. Sem ela, nenhum resultado se sustenta. Sem ela, nenhuma relação gera valor. Sem ela, a gestão não é sustentável.

No último capítulo, apresentamos a você os fundamentos da governança corporativa e como essa arquitetura organizacional se assenta nos alicerces da ética para poder gerar valores aos *stakeholders* e *shareholders* com transparência, equidade, prestação de contas e responsabilidade corporativa.

A gestão sustentável é o presente que os líderes de hoje darão ao futuro. Ao futuro de todos nós.

1

A sustentabilidade estratégica

Em terras e ares de Santos Dumont, convidamos o leitor a observar o perfil de uma asa de avião. Verá que o extradorso (área superior da asa) é maior do que o intradorso (área inferior da asa). Esse desenho permite que a asa em movimento provoque diferentes zonas de pressão – maior na parte inferior do que na superior – fazendo voar o mais pesado que o ar. Essa diferença de pressão gera uma "força de sustentação" que, aliada a uma condução técnica, permite voos seguros e duradouros.

Nas empresas não é muito diferente. Uma empresa que deseja "decolar" e "voar" de modo perene e sustentável deverá movimentar-se e administrar, de modo equilibrado, as diferentes pressões de seus diversos públicos de relacionamento. Se, para conduzirmos uma aeronave, é necessário conhecermos princípios de aerodinâmica e técnicas de pilotagem, para a gestão sustentável de uma empresa, precisaremos conhecer os princípios que regem as dinâmicas das relações da empresa com a sociedade na qual se insere.

Conduzir uma empresa de modo responsável, respeitando a sociedade e zelando pelo seu desenvolvimento sustentável, reduz riscos de geração de passivos intangíveis e, desse modo, torna a empresa mais segura. As empresas mais seguras são mais atrativas e se valorizam aos olhos dos investidores. Uma gestão sustentável é, portanto, fator estratégico de geração de valor. Compreender os princípios e dinâmicas da sustentabilidade estratégica das organizações é o objetivo central deste capítulo.

Conceitos fundamentais e diretrizes internacionais

A responsabilidade corporativa insere-se em um contexto internacional no qual o respeito aos direitos humanos, direitos do trabalho e direitos ambientais ocupam as pautas diplomáticas dos países-membros das Nações Unidas, gerando acordos, códigos, normas e diretrizes que orientam as empresas a seguir em um caminho contribuinte ao desenvolvimento sustentável. Os conceitos que amparam a sustentabilidade corporativa e as diretrizes internacionais, como veremos, não são novos, mas renovam-se frente aos desafios ambientais, sociais e econômicos contemporâneos.

O capital social e a sustentabilidade

Você já ouviu falar do irmão Luca? Luca Bartolomeo de Pacioli? Ele foi um frade franciscano italiano que sistematizou o método veneziano das partidas dobradas em 1494 e passou a ser conhecido como "pai da contabilidade moderna". Essa iniciativa permitiu o surgimento do conceito de capital social e causou uma revolução silenciosa na gestão. Antes disso, o patrimônio pessoal do produtor misturava-se com o do seu negócio, estimulando-o a produzir apenas para sua subsistência. Depois desse conceito, a responsabilidade do capitalista passou a ser limitada ao capital social e, desse modo, disparou iniciativas empreendedoras graças à significativa redução do risco. A Revolução Industrial, dois séculos depois, não aconteceu por acaso.

Vamos entender um pouco melhor o significado do termo. O capital é chamado de social porque é colocado à disposição das demandas de toda a sociedade e não somente às dos sócios. Soa estranho? Repare que o capital investido em uma empresa qualquer servirá para promover a produção e distribuição de produtos e serviços demandados pela sociedade, gerará receita fiscal para o Estado promover serviços sociais, estimulará o crescimento econômico e, desse modo, também promoverá o emprego e renda para a população. E o lucro? Ora, o lucro nada mais é do que o valor que essa mesma sociedade vestida de mercado julgará, por meio de mecanismos macro e microeconômicos complexos, justo para remunerar os capitalistas pelos riscos que enfrentam. Simples, há séculos.

Se entendermos assim, os capitalistas são promotores de desenvolvimento social por meio do tal capital social. Soou estranho novamente não é? Claro que esse processo ocorre de modo não uniforme e gera desigualdades que nos passam a impressão contrária, a do chamado "capitalismo selvagem". Todavia, se essa iniciativa privada não ocorresse nessa escala, muito provavelmente os danos sociais seriam muito maiores e teríamos, quem sabe, uma "sociedade selvagem".

Supomos que frei Luca, que também era matemático e teve como aluno Leonardo da Vinci, não teve a menor ideia da dimensão da revolução que provocou. Cremos ainda que, se Pacioli ressuscitasse em pleno terceiro milênio, se espantaria menos com a banda larga dos mosteiros do que com o fato de o seu conceito do capital social ter atravessado cinco séculos e ainda não ter sido absorvido na essência.

Vamos pular algumas centenas de anos para as últimas décadas. A *Declaração dos direitos humanos* (1948), o Clube de Roma, com o relatório intitulado *Limites do crescimento* (1972), o *Pacto global* (1999), ou mesmo os *Objetivos do milênio* serviram ao mesmo tempo como alertas e como marcos inspiradores.

Apesar de esses movimentos terem sensibilizado boa parte da classe corporativa, a maioria não se deu conta da reza sustentável de frei Luca disfarçada de teoria contábil. Não se deram conta da conta capital social.

Até aqui destacamos o capital social como conta contábil que, por reduzir os riscos do capitalista, promove indiretamente o desenvolvimento social. Já pela ótica da ciência política contemporânea, o capital social cria-se a partir de relações de confiança entre cidadãos de uma dada sociedade. Quanto maior a capacidade dos cidadãos de confiarem uns nos outros, assim como quanto maior for o número de possibilidades associativas numa sociedade, maior será o volume de capital social. Interessante essa relação entre a visão de um frade que nasceu no final da Idade Média e vivenciou os primeiros anos da Idade Moderna com a visão acadêmica contemporânea. Ambas subliminarmente apontam a necessidade do equilíbrio nas relações sociais. A sustentabilidade corporativa de nossos dias contempla esse equilíbrio nas relações éticas com todos os públicos de relacionamento das empresas.

Hoje, temos uma massa expressiva de empresas que ainda julga que sua responsabilidade social e ambiental está restrita à promoção de projetos junto à comunidade. Uma parcela um pouco menor já exercita práticas de gestão ética com alguns de seus públicos de relacionamento mais próximos, como colaboradores e consumidores. Apenas uma minoria avançou ao ponto de compreender a importância estratégica do equilíbrio das relações com todas as chamadas partes interessadas, ou *stakeholders*[2] Essas últimas já internalizaram o conceito e perceberam que a boa gestão dessas relações reflete imediatamente

---

[2] *Stakeholders* são os públicos que afetam ou são afetados pelo objeto da organização, tais como funcionários, consumidores, fornecedores, acionistas/cotistas, Estado, comunidade, meio ambiente, entre outros.

nos ativos e passivos intangíveis e, por consequência, no valor da empresa.

Relações éticas com *stakeholders*, valorização de ativos intangíveis, redução de passivos intangíveis e outros temas serão tratados mais à frente. Logo após, veremos como o capital social tem estreita ligação com os conceitos de desenvolvimento sustentável e de sustentabilidade empresarial. Por ora, sua benção, frei Pacioli.

Conceitos de desenvolvimento sustentável e sustentabilidade empresarial

Dois conceitos são essenciais à compreensão da gestão sustentável nas esferas macro e microeconômica. São respectivamente os conceitos de desenvolvimento sustentável e de sustentabilidade empresarial.[3] Vejamos ambos.

Desenvolvimento sustentável pode ser conceituado como "a utilização dos recursos para atender as necessidades do presente sem comprometermos a possibilidade das futuras gerações em atender as suas próprias necessidades" (CMMAD, 1991:46). Esse conceito foi utilizado em 1987 por Harlem Brundtland, então primeira-ministra da Noruega e presidente da Comissão Mundial sobre Meio Ambiente e Desenvolvimento da Organização das Nações Unidas (ONU), no relatório intitulado *Nosso futuro comum* (*Our Common Future*), posteriormente conhecido como *Relatório Brundtland*. O principal relator desse importante documento foi Jim MacNeill, então secretário-geral da Comissão e, provavelmente, o pai do conceito.

Trata-se de um conceito abrangente, global e que expressa uma preocupação com o futuro da sociedade humana e suas

---

[3] É comum o uso da expressão sustentabilidade corporativa como sinônimo de sustentabilidade empresarial; porém, a primeira é mais restrita às corporações.

interdependências sociais e ambientais. Uma sociedade só se sustentará no longo prazo se preservar os recursos de que necessitará em seu próprio futuro, sejam estes recursos sociais, ambientais ou econômicos.

Já a *sustentabilidade empresarial* possui um conceito mais restrito à esfera das sociedades empresariais, que pode ser estendido às organizações institucionais e até mesmo governamentais. Segundo o Instituto Ethos de Empresas e Responsabilidade Social (2012), a sustentabilidade empresarial consiste em "assegurar o sucesso do negócio em longo prazo e, ao mesmo tempo, contribuir para o desenvolvimento econômico e social da comunidade, para um meio ambiente saudável e uma sociedade estável". Como nas organizações os resultados se originam de relações, podemos complementar afirmando que a sustentabilidade empresarial se dá por meio da forma de gestão, que se define pela relação ética da empresa com todos os públicos com os quais ela se relaciona e pelo estabelecimento de metas empresariais compatíveis com o desenvolvimento sustentável da sociedade.

Elkington (1997) afirma que uma empresa sustentável é aquela que contribui para o desenvolvimento sustentável ao gerar, de modo equilibrado, benefícios econômicos, sociais e ambientais. É dele a expressão *triple bottom line*,[4] atualmente bastante disseminada no ambiente empresarial, que sintetiza o equilíbrio dos resultados econômicos, sociais e ambientais, conforme podemos observar na figura 1.

A Comissão Mundial sobre Meio Ambiente e Desenvolvimento da Organização das Nações Unidas (1991) consolidou o conceito de ecoeficiência: produzir mais, com maior quali-

---

[4] Tríplice resultado, em analogia ao *bottom line*, a última linha ou linha de resultado dos demonstrativos contábeis de resultado.

dade, utilizando menos recursos naturais e provocando menos impactos ambientais negativos. Aliando-se a ecoeficiência à melhoria de qualidade nas relações sociais empresariais (relações com seus *stakeholders*), eleva-se o grau de sustentabilidade da organização.

Figura 1
REPRESENTAÇÃO ICONOGRÁFICA DO *TRIPLE BOTTOM LINE*

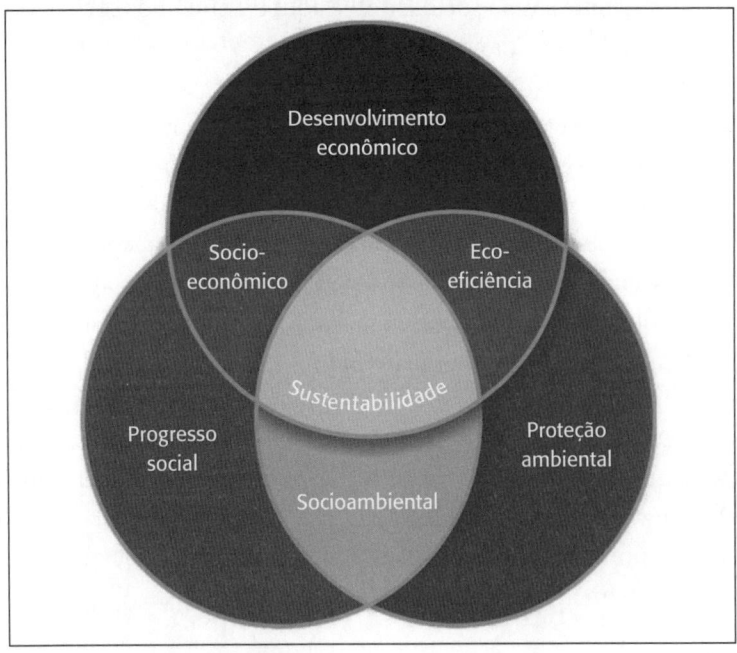

Fonte: baseado em Kraemer (2005).

A mudança de um modelo voltado apenas para a busca e maximização de resultados econômicos para um modelo de gestão sustentável, em que são consideradas as demandas de todos os *stakeholders*, é uma verdadeira quebra de paradigma empresarial.

Responsabilidade social e reparação social

Dada a estreita relação entre sustentabilidade empresarial e ações de responsabilidade social ou socioambiental, é importante inicialmente destacarmos o significado das palavras "responsabilidade" e "social". É responsável quem "responde por", quem deve prestar contas de seus atos ou até mesmo de atos de terceiros. Já a palavra "social" refere-se a algo relativo ou pertencente a uma sociedade – e aqui entendamos sociedade conforme define Lalande (1996:76)

> em um sentido mais amplo: conjunto de indivíduos entre os quais existem relações organizadas e serviços recíprocos. [...] Em um sentido mais estrito: conjunto de indivíduos cujas relações estão consolidadas em instituições e mesmo quase sempre garantidas pela existência de sanções, quer codificadas, quer difusas, que fazem com que o indivíduo sinta a ação e o constrangimento da coletividade.

Desse modo podemos entender que é socialmente responsável quem responde por suas ações ou de outrem à sociedade em seu sentido mais amplo.

A norma internacional de responsabilidade social (ISO-26000) define responsabilidade social como

> a responsabilidade de uma organização pelos impactos de suas decisões e atividades na sociedade e no meio ambiente, por meio de um comportamento ético e transparente que:
> ❑ contribua para o desenvolvimento sustentável, inclusive a saúde e bem-estar da sociedade;
> ❑ leve em consideração as expectativas das partes interessadas;
> ❑ esteja em conformidade com a legislação aplicável e seja consistente com as normas internacionais de comportamento;

❏ esteja integrada em toda a organização e seja praticada em suas relações

Não podemos confundir essa responsabilidade social das empresas com o que chamamos de reparação social, que é o conjunto de ações de um indivíduo ou organização que visa corrigir danos já causados a essa sociedade. Um projeto em que uma empresa ou uma organização não governamental planeja ou executa a recuperação da mata ciliar de um rio é um projeto de reparação social.

É interessante observarmos que a preocupação com a reparação social – e indiretamente com a responsabilidade social – podem ser observadas na encíclica *Rerum Novarum*, em que o papa Leão XIII, ao perceber os primeiros danos causados pela Revolução Industrial, destacava:

> A sede de inovações, que há muito tempo se apoderou das sociedades e as tem numa agitação febril, deveria, tarde ou cedo, passar das regiões da política para a esfera vizinha da economia social. Efetivamente, os progressos incessantes da indústria, os novos caminhos em que entraram as artes, a alteração das relações entre os operários e os patrões, a influência da riqueza nas mãos dum pequeno número ao lado da indigência da multidão, a opinião enfim mais avantajada que os operários formam de si mesmos e a sua união mais compacta, tudo isto, sem falar da corrupção dos costumes, deu em resultado final um temível conflito. (Leão XIII, 1891).

Independentemente de ações de reparação ou responsabilidade social, nota-se a importância das relações da empresa com os diversos grupos sociais com os quais ela se relaciona, ou seus *stakeholders*, como veremos mais adiante. Por ora, destacamos um texto que demonstra a atenção ou preocupação de um brilhante gestor estratégico, já preocupado com a sustentabilidade do seu negócio na década de 1930. Trata-se do general

Robert Wood Johnson, responsável pela transformação da Johnson & Johnson – uma empresa familiar – em uma corporação global. Em 1935 ele redigiu um panfleto denominado *Try Reality*, no qual convocava os sócios da empresa a uma nova filosofia industrial. Esse documento posteriormente se consolidou como "O credo da Johnson & Jonhson" e foi publicado em 1943.

Quadro 1
CREDO DA JOHNSON & JOHNSON (1943)

Nosso credo
Cremos que nossa primeira responsabilidade é para com os médicos, enfermeiras e pacientes, para com as mães, pais e todos os demais que usam nossos produtos e serviços. Para atender suas necessidades, tudo o que fizermos deve ser de alta qualidade. Devemos constantemente nos esforçar para reduzir nossos custos, a fim de manter preços razoáveis. Os pedidos de nossos clientes devem ser pronta e corretamente atendidos. Nossos fornecedores e distribuidores devem ter a oportunidade de auferir um lucro justo.

Somos responsáveis para com nossos empregados, homens e mulheres que conosco trabalham em todo o mundo. Cada um deve ser considerado em sua individualidade. Devemos respeitar sua dignidade e reconhecer seus méritos. Eles devem sentir-se seguros em seus empregos. A remuneração deve ser justa e adequada e o ambiente de trabalho limpo, ordenado e seguro. Devemos ter em mente maneiras de ajudar nossos empregados a atender às suas responsabilidades familiares. Os empregados devem sentir-se livres para fazer sugestões e reclamações. Deve haver igual oportunidade de emprego, desenvolvimento e progresso para os qualificados. Devemos ter uma administração competente, e suas ações devem ser justas e éticas.

Somos responsáveis perante as comunidades nas quais vivemos e trabalhamos, bem como perante a comunidade mundial. Devemos ser bons cidadãos – apoiar boas obras sociais e de caridade e arcar com a nossa justa parcela de impostos. Devemos encorajar o desenvolvimento do civismo e a melhoria da saúde e da educação. Devemos manter em boa ordem as propriedades que temos o privilégio de usar, protegendo o meio ambiente e os recursos naturais.

Nossa responsabilidade final é para com os acionistas. Os negócios devem proporcionar lucros adequados. Devemos experimentar novas ideias. Pesquisas devem ser levadas avante, programas inovadores desenvolvidos e os erros reparados. Novos equipamentos devem ser adquiridos, novas fábricas construídas e novos produtos lançados. Reservas devem ser criadas para enfrentar tempos adversos. Ao operarmos de acordo com esses princípios, os acionistas devem receber justa recompensa.

Fonte: Johnson & Johnson (2006).

Primeiro, Luca Pacioli, preocupado com o equilíbrio em pleno Renascimento. Agora Johnson, elencando atenções equilibradas com todos os *stakeholders* em seu credo de 1943. Definitivamente não estamos falando de modismo, mas do alicerce de toda organização que construiu sua perenidade e valor ao longo dos tempos. Veremos a seguir como os conceitos vistos até aqui alicerçaram as diretrizes internacionais vigentes.

Diretrizes internacionais

No anexo temos a representação gráfica da linha do tempo da sustentabilidade. Nela, fica evidente que os conceitos, preocupações, desafios, metas e até mesmo os modelos de gestão sustentável dos dias atuais não são fruto de mais um modismo. São o resultado de esforços coletivos, originados em diferentes partes do mundo e durante muitas décadas, que hoje se consolidam e ganham maior visibilidade em função dos desafios sociais e ambientais prementes da humanidade, como elevação dos níveis de pobreza e miséria, de poluição, aquecimento global, entre outros.

Temas vinculados à sustentabilidade, seja das sociedades como das empresas, têm obtido cada vez mais espaço nas pautas da Organização das Nações Unidas (ONU), gerando princípios e diretrizes internacionais que orientam países e empresas. Preocupações com direitos humanos, direitos do trabalho, meio ambiente e corrupção alicerçaram os princípios do *Pacto global* (2000). A preocupação com a formação de líderes atentos aos desafios da sustentabilidade desenhou os "princípios da educação responsável nos negócios".[5] A preocupação com investimentos responsáveis também teve seus princípios formulados (*Principles*

---

[5] *Principles for Responsible Management Education* (PRME, 2011).

*for Responsible Investment).*⁶ Estas e outras iniciativas produziram padrões, recomendações, acordos, normas e certificações que dão suporte a empresas e sociedades que buscam a sustentabilidade. Além dos princípios já citados, destacamos:

❑ *Declaração Universal dos Direitos Humanos* (ONU), que, em seu preâmbulo, cita as empresas como fundamentais para a plena realização dos direitos humanos;
❑ *Declaração da Organização Internacional do Trabalho* (OIT), sobre os princípios e direitos fundamentais do trabalho, que prevê, entre outros:
  i. liberdade de organização e o direito a negociações coletivas (convenções n°s 87, 98, complementadas pela Convenção nº 135 da OIT);
  ii. proibição de trabalho forçado (convenções n°s 29 e 105 da OIT);
  iii. proibição de trabalho infantil (Convenções n°s 138 e 182 da OIT);
  iv. proibição de discriminação no trabalho e na profissão (convenções n°s 100 e 111 da OIT) e convenções n°s 87 e 98 (complementadas pela Convenção nº 135 da OIT);
❑ *Declaração do Rio e Agenda 21* (ONU);
❑ *Declaração Tripartite sobre Empresas Multinacionais* (OIT);
❑ *Diretrizes para empresas multinacionais da Organização para a Cooperação e Desenvolvimento Econômico* (OCDE).

A Conferência sobre o Meio Ambiente, ou Rio-92, produziu a *Carta da Terra*, a *Agenda 21* e intensificou a preocupação e discussão internacionais sobre as questões ambientais, gerando convenções que se somaram a outros acordos, tais como:

---

⁶ *Princípios para o investimento responsável* (PRI, 2006).

- Convenção de Viena para a Proteção da Camada de Ozônio (1985);
- Cúpula da Terra, no Rio de Janeiro (1992);
- Convênio de Diversidade Biológica (1992);
- Protocolo de Cartagena de Biossegurança (2000);
- Protocolo/Tratado de Kyoto;
- Convenção de Estocolmo sobre os Poluentes Orgânicos Persistentes (2001);
- Relatório Stern (2006);
- Relatório do Painel Intergovernamental sobre Mudanças Climáticas (IPCC), sendo o mais recente de 2007.

Em suma, um esforço coletivo, frequente, multinacional, multicultural e convergente vem, principalmente nas últimas décadas, construindo o propósito da sociedade humana sustentável. No âmbito corporativo, essa sociedade se expressa por meio dos públicos com os quais as empresas se relacionam. A esses públicos daremos nossa atenção a seguir.

Shareholders e stakeholders

Shareholder é a palavra inglesa para acionista, para o detentor de participações – ou *share* (ações ou cotas) da empresa. Seu sinônimo, *stockholder*, gerou um trocadilho interessante com a palavra *stakeholder*: *stake* em inglês é aposta ou risco e, desse modo, podemos dizer que *stakeholder* é o detentor das "apostas" na empresa, ou aquele que corre riscos com ela. Assim, um acionista (ou cotista[7]) também é considerado um *stakeholder*, porém, não é o único. Há outros indivíduos ou organizações que

---

[7] Acionista é o sócio de uma sociedade por ações (ex.: sociedade anônima) e cotista é o sócio de uma sociedade por cotas de participação (ex.: sociedade por cotas de responsabilidade limitada).

correm riscos com as atividades de uma empresa. *Shareholders*, portanto, estão contidos no conjunto maior dos *stakeholders*. Os principais conceitos de *stakeholder* estão registrados no quadro 2.

Quadro 2
CONCEITOS DE STAKEHOLDER

Autor	Conceito de stakeholder
Freeman e Reed (1983)	Aqueles grupos dos quais a organização é dependente para sua sobrevivência continuada.
Freeman (1984)	Qualquer grupo ou indivíduo que pode afetar ou ser afetado pela conquista dos objetivos de uma empresa. Por exemplo: acionistas, credores, gerentes, empregados, consumidores, fornecedores, comunidade local e o público em geral.
Alkhafaji (1989)	Grupos pelos quais a corporação é responsável.
Thompson, Wartick e Smith (1991)	Grupos que tenham relações com a organização.
Bowditch e Buono (1992)	Grupos ou pessoas identificáveis, dos quais a organização depende para sobreviver: acionistas, funcionários, clientes, fornecedores e entidades governamentais.
Clarkson (1994)	Suportadores de risco voluntários

Fonte: Quadros et al. (2003).

Em termos de uma classificação mais ampla, podemos dizer que existem pelo menos dois tipos de *stakeholders* com os quais qualquer negócio tem uma relação de interação:

(a) *stakeholders* sociais primários: aqueles que têm interesse direto no negócio, sendo por ele afetados diretamente. São acionistas, proprietários, colaboradores em geral, corpo diretivo, fornecedores, parceiros comercias, investidores, etc.

(b) *stakeholders* sociais secundários: aqueles que, embora não estejam diretamente vinculados ao negócio, podem por ele ser afetados e afetá-lo. Os que fazem parte deste grupo são de ordem reputacional: governos, órgãos reguladores, instituições da sociedade civil, grupos de pressão ou acadêmicos, mídia, concorrentes (Aliglere, Aliglere e Kruglianskas, 2009).

A teoria dos *stakeholders* prega o atendimento dos interesses de todas as partes interessadas (*stakeholders*) no momento da tomada de decisão, enquanto a teoria dos *shareholders* visa, no mesmo momento, a maximização do valor da empresa para o acionista/cotista. Contudo, quando é feita uma análise das consequências da maximização da riqueza dos acionistas, nota-se que esse fator pode proporcionar indiretamente benefícios para toda a sociedade, com a geração de novos empregos, elevação da receita fiscal, desenvolvimento tecnológico etc.

Imaginar que a maximização da riqueza do acionista pode trazer benefícios a toda a sociedade pode parecer algo contraintuitivo. E é. É contraintuitivo, por exemplo, julgar que a avareza seja equivalente à caridade, mas ela é. Como? Se você doar dinheiro a alguém necessitado, esse alguém poderá comer mais, ou um pouco melhor. Se, ao invés disso, você poupar o dinheiro, provocará a queda do nível de preços da economia, o que permitirá que alguém compre mais. É como se o avaro fosse um egoísta promotor de um ato de bondade aleatória e, por outro lado, o filantropo fosse um altruísta promotor de um ato de bondade dirigida. A maximização da riqueza do acionista funciona nos mesmos moldes.

É evidente que o ideal seria que os benefícios gerados pela maximização da riqueza ocorressem tempestivamente, no exato momento das demandas da sociedade, mas isso raramente ocorre. Soa aparentemente melhor, mas ainda sem comprovação científica, o atendimento dessas demandas dos *stakeholders* no primeiro momento, como reza a teoria dos *stakeholders*.

Independente das correntes de pensadores que defendem uma ou outra teoria, cabe-nos relembrar que o *shareholder* também é um *stakeholder*. Para que os gestores possam atender ao interesse maior do acionista/cotista, isto é, maximizar seus ganhos, terão de entender claramente as diferenças entre lucro contábil e lucro econômico, ou ainda lucro da empresa e lucro do acionista/cotista. Terá de entender os mecanismos de geração de valor, como veremos a seguir.

Os lucros

Conforme vimos, o tríplice resultado, ou *triple bottom line*, estabelece como metas de uma gestão sustentável os resultados sociais, resultados ambientais e resultados econômicos. Os últimos são normalmente representados pelo lucro da empresa. Entretanto, precisamos entender as diferentes categorias de lucro e sua relação com os objetivos dos sócios e interesses da sociedade para relacioná-los com as boas práticas de gestão sustentável. Vamos a eles.

Lucro contábil e lucro econômico

Solomons (1961) consegue deixar clara a diferença entre lucro contábil e lucro econômico por meio de uma equação:

Lucro contábil

(+) mudanças não realizadas no valor dos ativos tangíveis ocorridas durante o período, acima ou abaixo das mudanças reconhecidas pela depreciação dos ativos fixos e remarcações nos estoques
(–) montantes realizados neste período referentes a mudanças de valor dos ativos tangíveis ocorridas em períodos anteriores e que não foram reconhecidas em tais períodos

(+) mudança de valor nos ativos intangíveis durante o período
(=) *lucro econômico*

Basicamente, o que difere o lucro contábil do econômico são os ativos intangíveis. Podemos, em linhas gerais, classificar as principais diferenças entre lucro econômico e lucro contábil conforme o quadro 3.

Quadro 3
COMPARAÇÃO ENTRE LUCRO ECONÔMICO E LUCRO CONTÁBIL

Lucro contábil	Lucro econômico
Cálculo analítico e objetivo, baseado nas diferenças de receitas e custos originais	Cálculo relativo e subjetivo, baseado na variação do valor presente líquido do patrimônio líquido
Análise de custos	Análise de valores
O patrimônio líquido varia com a variação do lucro contábil	O lucro econômico é resultado da variação positiva do patrimônio líquido
Desconsideração de valores ainda não realizados	Desconsideração de valores ainda não realizados
Análise pretérita	Análise pretérita e futura
Ajustes técnicos e contábeis	Correções conforme variação de preços
Dividendo	Valor da ação/cota

Fonte: baseado em Guerreiro e Catelli (1999).

Vemos, no quadro, que não há abordagem certa ou errada, apenas diferentes óticas para diferentes demandas analíticas. Uma auditoria fiscal dará preferência à análise do lucro contábil, enquanto uma consultoria de avaliação seguramente adotará a análise do lucro econômico, mas certo é que ambas não ignoram ou menosprezam o método não adotado. Ambos os lucros são extremamente importantes no composto gerencial.

O lucro econômico e o lucro contábil acabam por ter uma forte relação com o lucro da empresa e o lucro do acionista ou cotista. Veremos, a seguir, como se dá essa relação.

Lucro da empresa e lucro do acionista ou cotista

A análise comparativa do lucro da empresa com o lucro do sócio (acionista ou cotista) mistura-se um pouco com a síntese comparativa dos lucros contábil e econômico anterior. Subtraindo-se as reservas legais e estatutárias do lucro líquido do exercício, temos o lucro a ser distribuído, ou dividendo, aos acionistas/cotistas da empresa. Cálculo contábil, objetivo, analítico e que reflete valores efetivamente realizados na apuração do resultado do exercício. Apesar de ser o lucro a ser distribuído aos sócios, reflete o resultado apurado pelas operações da pessoa jurídica no seu exercício fiscal, e não efetivamente o ganho desses sócios com o investimento realizado na empresa.

Pela ótica capitalista do sócio, a análise de variação patrimonial real, mais subjetiva, relativa e com vistas ao futuro, é mais próxima da sua condição de investidor. Vejamos: uma empresa pode ter gerado um significativo lucro líquido que foi suficiente para atender às suas reservas e ainda ser distribuído aos sócios. Se, por alguma razão, o valor patrimonial expresso no valor da cota ou ação pertencente ao sócio sofrer uma redução maior que o dividendo apurado, esse sócio entenderá que seu investimento teve resultado negativo. O contrário é verdadeiro: uma empresa pode ter passado dificuldades operacionais no exercício e, em razão disso, apurar prejuízo e não poder distribuir dividendos. Diante desse cenário, os sócios dessa empresa poderiam ficar frustrados, mas se, por alguma razão – e veremos muitas mais adiante –, o valor patrimonial expresso no valor de suas cotas ou ações tiver uma variação positiva significativa, a frustração se transformará em satisfação.

Em suma, estamos destacando que empresas lucrativas podem gerar perdas e empresas não lucrativas podem gerar ganhos aos seus sócios. Claro que há empresas lucrativas que geram ganhos aos seus sócios e não lucrativas que geram perdas a eles, mas o nosso destaque é proposital em relação ao contraintuitivo. Não é comum, ao menos aos olhos pouco atentos, a percepção de perda em empresas que geram lucro e muito menos a percepção de ganho em empresas que produzem prejuízo.

No momento em que este capítulo está sendo redigido (último trimestre de 2010), a British Petroleum (BP), gigante britânica do setor de petróleo, registra uma distribuição de dividendos aos seus acionistas de US$ 4,20 por ação – um ganho relativo positivo de 3,81% no ano. Seus acionistas deveriam estar felizes com esse dividendo, mas não estão. Um acidente em uma das plataformas da BP no golfo do México, em 20 de abril de 2010, provocou um vazamento superior a 2,1 milhões de toneladas de petróleo no mar. O impacto desse dano ambiental derrubou o preço das ações de US$ 62 em janeiro de 2010 para US$ 27 em julho do mesmo ano – uma variação negativa de 56,4%.

Entre 2008 e 2010, as ações da Telebrás, antiga *holding* estatal do setor de telecomunicações, tiveram supervalorização e propiciaram ganhos expressivos aos seus acionistas, apesar dos seguidos prejuízos da empresa em seus demonstrativos de resultado. A alta valorização ocorreu em função de comunicação de fato relevante à CVM (Comissão de Valores Mobiliários) no sentido de que a empresa poderia integrar o Plano Nacional de Banda Larga (PNBL), ou seja, expectativa de ganho futuro ou lucro econômico. Há incontáveis outros casos de empresas que não distribuem dividendos em seguidos exercícios, mas proporcionam ganhos elevados aos seus investidores. Alguns gigantes "ponto com"[8] foram e até continuam sendo exemplos típicos

---

[8] Expressão que identifica empresas do setor de internet em analogia ao ".com" dos domínios ou endereços de seus sítios.

de empresas que alcançaram valores bilionários sem geração de lucros e, em alguns casos, sem geração de receita. Discutiremos as razões dessas valorizações – e desvalorizações – mais adiante. Por ora, cabe-nos interpretar ou entender as visões dos capitalistas. Quem investe capital em uma empresa busca retorno, que seguramente pode se situar muito além ou muito aquém do lucro contábil. A distância entre esses resultados econômicos dos resultados contábeis é medida, conforme vimos anteriormente na equação de Solomons, principalmente pelos ativos e passivos intangíveis.

Como vimos, os intangíveis representam o diferencial fundamental entre lucro contábil e lucro econômico – e esta é a razão de darmos uma especial atenção a eles a seguir.

Os intangíveis e a geração de valor

A palavra intangível tem sua origem etimológica no latim *tangere*, cuja acepção é tocar. Há autores que ligam sua origem à palavra também latina *tango*, significando perceptível ao toque. Há de se ter cuidado com a tentativa de ligação do significado da expressão contábil com origem etimológica, pois poderemos ser induzidos ao erro. Imaginando o sentido de perceptível ao toque podemos acreditar que, por exemplo, ativos intangíveis são aqueles que não podemos tocar e isso não é totalmente correto. Depósitos, investimentos, despesas pagas antecipadamente, entre outras contas, são ativos tangíveis apesar de sua inexistência física.

Veremos a seguir como ativos e passivos intangíveis interferem no valor gerado aos acionistas/cotistas e sua importância na sustentabilidade empresarial.

Ativos intangíveis

As definições de ativos intangíveis são tantas quantas as incertezas sobre a definição ideal. Kayo (2002:14) tem, em nossa avaliação, uma das melhores definições:

Ativos intangíveis podem ser definidos como um conjunto estruturado de conhecimentos, práticas e atitudes da empresa que, interagindo com seus ativos tangíveis, contribui para a formação do valor das empresas.

São ativos de natureza permanente, sem existência física e que, geridos pelas organizações, passam – ou ao menos podem passar – a gerar resultados futuros.

Essas definições deixam claro por que a marca de um refrigerante, a carteira de clientes de uma operadora de telefonia celular, o banco de dados de uma companhia de seguros, a reputação de uma banca de advogados, a patente de um medicamento, a licença de um *software* ou o capital intelectual de um Oscar Niemeyer são ativos intangíveis. São todos, de um modo ou de outro, resultado de um conjunto de competências de organizações aliadas aos seus ativos tangíveis (recursos financeiros, ativo permanente, entre outros).

Tais resultados representam o valor atribuído pelo mercado aos diferenciais da organização, expresso por seu capital intelectual, por sua reputação, pela qualidade de seus relacionamentos sociais, sejam eles com clientes, consumidores, fornecedores, colaboradores, comunidade, meio ambiente, Estado e demais partes interessadas. Sim, a qualidade dos relacionamentos com *stakeholders* é ingrediente da criação e valorização de ativos intangíveis, que, por sua vez, produzem lucro econômico, valorizam as cotas e ações e, ao final, proporcionam geração de valor aos sócios.

Passivos intangíveis

Entre tantas definições de passivos intangíveis, destacamos a de Pereira e colaboradores (2001:108):

O passivo intangível é uma exigibilidade cuja informação acerca de sua existência permanece encoberta ao usuário dos demonstrativos contábeis e em alguns casos até aos seus próprios dirigentes.

Do mesmo modo que os ativos intangíveis, os passivos intangíveis alteram significativamente o valor das empresas e seu lucro econômico, porém em sentido inverso. Se anteriormente destacamos que a qualidade das relações com *stakeholders* pode gerar ou valorizar ativos intangíveis, a falta dela poderá reduzir os valores ativos ou até mesmo gerar passivos intangíveis.

Vejamos, por exemplo, uma empresa que, deliberadamente ou por lapso, deixa de recolher determinadas obrigações trabalhistas legais de seus colaboradores (trata-se, portanto, de colaboradores devidamente registrados e amparados pela legislação da Consolidação das Leis do Trabalho do Brasil). Esse ato gera um passivo tangível com valor absoluto que ficará registrado contabilmente até seu devido pagamento.

Agora, imaginemos que essa empresa hipotética não tenha registrado legalmente alguns de seus colaboradores, propondo a eles um contrato de prestação de serviços por meio de uma pessoa jurídica da qual seriam sócios. Essa prática, normalmente utilizada para redução de custos com encargos trabalhistas, é repudiada pela Justiça, dado que "disfarça" a sonegação. É, portanto, prática ilegal e sujeita a contestação judicial. Em outras palavras, os colaboradores que estiverem sendo prejudicados poderão buscar seus direitos e isso, por si, já é um passivo intangível. Independentemente de esses colaboradores buscarem seus direitos, o passivo intangível existe, pois pode se materializar em resultados negativos no futuro.

Danos às relações com colaboradores geram passivos trabalhistas intangíveis como o citado; danos às relações com o meio ambiente, como o derrame de poluentes em um rio, geram passivos ambientais intangíveis; danos às relações com os clientes, como a falta de respeito aos seus direitos de consumidor; danos às relações com o Estado e com a comunidade, como a sonegação de impostos, entre outros, são todos danos geradores de passivos intangíveis.

A geração de valor

Como vimos, leitor, a dinâmica de criação e valorização – ou desvalorização – dos ativos e passivos intangíveis passa essencialmente pela qualidade das relações com os públicos que afetam ou são afetados pelas atividades da organização, os *stakeholders*. Também vimos, nas definições conceituais, que a sustentabilidade empresarial se dá por meio do estabelecimento de relações éticas (tema que aprofundaremos no capítulo 2) com esses *stakeholders*. Portanto, a geração de valor que permite a sustentabilidade empresarial é função da qualidade das relações da empresa com a sociedade ou com seu grupo de partes interessadas ou, insistindo no termo, com seus *stakeholders*.

Relações sempre alicerçadas em valores éticos, que respeitem os acordos estabelecidos para o atendimento das expectativas das partes interessadas, tornam a organização menos sujeita a riscos que possam afetar sua reputação, sua credibilidade e, indiretamente, seus negócios. Uma empresa mais imune a tais riscos é mais segura aos olhos dos investidores, pois está menos sujeita a passivos intangíveis que possam reduzir o lucro econômico e, por consequência, o valor de suas ações/cotas. Quanto melhor forem essas relações com as partes interessadas, maior será o potencial de criação ou valorização dos ativos intangíveis e de geração de lucro econômico, tornando o investimento na empresa atrativo.

Temos de levar em conta, e o gestor estratégico jamais deve esquecer, que o acionista/cotista, além de *shareholder*, é um importantíssimo *stakeholder*. Travestido de sócio, proprietário, capitalista ou investidor, não importa, ele normalmente tem um olho no presente e outro no futuro, ou seja, costuma ser atraído por lucro econômico.

A sequência desse raciocínio nos leva à percepção de que relações éticas que atendam aos acordos estabelecidos com as partes interessadas podem reduzir riscos e aumentar oportunidades, dando mais segurança aos acionistas/cotistas e atraindo, desse modo, mais investimentos. Essa dinâmica promove a redução de passivos intangíveis (como passivos trabalhistas, passivos tributários, passivos ambientais etc.) e o aumento de ativos intangíveis (como valor da marca, carteira de clientes etc.), gerando lucro econômico que, por sua vez, também valorizará a empresa e atrairá mais investimentos.

Podemos sintetizar afirmando que a geração de valor ao acionista/cotista passou pela geração de valor a todos os demais *stakeholders*, mas teve sua origem em relações baseadas em valores éticos. Em outras palavras, valores éticos geram valor aos *stakeholders* e aos *shareholders* (acionistas/cotistas). Valores que geram valor. Isso soa tão bem que destinamos o capítulo 2 a uma melhor compreensão dessa dinâmica.

Por enquanto, relembremos o conceito de capital social e até da razão social das empresas. A razão social não é apenas o nome jurídico da empresa. A razão social da empresa é simplesmente a sua "razão" social, a sua razão de existir para atender às expectativas da sua sociedade – ou de seus públicos de relacionamento –, gerando valor a todos esses públicos, inclusive aos seus sócios.

No início, pode soar estranho, mas, se uma empresa não gerar, de modo relativamente equilibrado, valores a todos os seus *stakeholders*, estará correndo sérios riscos de geração de passivos intangíveis que poderão comprometer sua sobrevivência. Sim, será um empreendimento insustentável. Daí o conceito já visto de que uma empresa sustentável é aquela que estabelece relações éticas com todos os seus públicos de relacionamento.

Por outro lado, a gestão equilibrada das relações com sócios, colaboradores, consumidores, fornecedores, Estado, comunidade, meio ambiente e até concorrentes eleva o grau de satisfação desses públicos em relação à organização, reduzindo riscos e aumentando o valor da empresa e de sua marca. Sócios que percebam segurança e rentabilidade em seus investimentos, colaboradores que percebam reconhecimento de seu trabalho, consumidores e fornecedores satisfeitos, comunidade e meio ambiente respeitados, são os objetivos de uma gestão sustentável.

No início deste capítulo, não citamos frei Luca Pacioli apenas por ser lembrado como o pai da contabilidade moderna. Também não o fizemos por ter sistematizado o método veneziano das partidas dobradas, que acabou por dar as bases de registro da moderna gestão. Nossa intenção foi estabelecer uma ligação entre os conceitos de capital social – tanto no aspecto contábil como no da ciência política – com uma característica específica do frei e de sua época, o Renascimento: o equilíbrio das proporções. Pacioli se aprofundou no método das partidas dobradas em uma parte ("Tractatus de computis et scripturis") de sua obra *Summa de arithmetica, geometria, proportioni et proportionalitá*, um tratado de matemática escrito em 1494. Pacioli era um matemático fanático pelo estudo das proporções e de seu equilíbrio. Em 1509 escreveu *De divina proportione*, obra sobre o equilíbrio das proporções artísticas que teve ilustrações do então seu aluno, Leonardo da Vinci (que também trabalhava esse equilíbrio em suas obras – *Homem vitruviano*, *Polyhedra* e outras).

O capital social, o equilíbrio de contas ativas e passivas, o equilíbrio na gestão das relações com os diversos *stakeholders* para promover a geração de valor e a sustentabilidade das organizações. Como vemos, sustentabilidade ou gestão sustentável talvez seja um "modismo" desde há muito tempo – muito provavelmente desde o Renascimento.

A construção de ativos intangíveis e a mitigação de passivos intangíveis, que em conjunto geram valor aos acionistas e à sociedade, só ocorrem por meio de relações éticas com os *stakeholders*. Zelar pela qualidade dessas relações é missão fundamental de uma gestão sustentável. Daremos atenção à gestão dessas relações na próxima seção.

Gestão das relações com stakeholders

Se a sustentabilidade empresarial passa necessariamente pelo estabelecimento de relações éticas com os diversos públicos de relacionamento da empresa, sempre com vistas à geração de valor a todos eles, inclusive e principalmente aos acionistas/cotistas, há de se ter uma especial atenção com a gestão de tais relações. Zelando pela qualidade dos relacionamentos com sócios, colaboradores, clientes, fornecedores e com os demais públicos que impactam ou são impactados direta ou indiretamente pelas atividades da empresa, o gestor estará, como vimos, reduzindo o potencial de passivos intangíveis e elevando a participação dos ativos intangíveis na composição do lucro econômico da empresa.

Essa zeladoria das relações sociais da empresa pode ser categorizada em diversas formas. Adotaremos aqui uma segmentação em três grupos de ações: ações de gestão de expectativas, ações de gestão de oportunidades e ações de gestão de riscos e crises. Veremos a seguir, de modo sintético, cada uma delas.

A gestão de expectativas, suas oportunidades e seus riscos

No ambiente empresarial, atender a expectativas é cumprir acordos, cumprir contratos, sejam eles formais ou informais, sempre respeitando a ética. Incontáveis acordos são realizados diariamente nas empresas: novos empregados são contratados, novos pedidos ou acordos de nível de serviço são estabelecidos com os fornecedores, contratos de venda são assinados com os clientes, acordos de acionistas são registrados e até acordos de cooperação são construídos junto a concorrentes. Todos são firmados, ou mesmo fixados sem firma, se as condições ajustadas atenderem às partes envolvidas.[9] Atender ao estabelecido, formal ou informalmente, nesses acordos é tarefa essencial de um gestor responsável.

Como é natural que os *stakeholders* esperem, isto é, tenham expectativas de que as condições acordadas sejam atendidas, o desrespeito a qualquer dispositivo do acordo que rege a relação – formal ou informal – frustra, decepciona e reduz o grau de confiança da parte não respeitada; reduz a percepção de valor e de perenidade na relação, que deixa de contribuir para a sustentabilidade dos negócios.

Como exemplo, imaginemos uma relação de trabalho em que algum dispositivo legal deixou de ser cumprido pela empresa. Haverá insatisfação, decepção, frustração por parte do empregado prejudicado e ele poderá, inclusive, produzir menos ou com menor qualidade. Mais que isso, inicia-se aí o processo de criação de passivos intangíveis, dado que essa má gestão da relação pode se tornar pública e gerar má reputação, redução do grau de atração de outros bons empregados, custos judiciais ou passivos trabalhistas tangíveis.

Outro exemplo pode ser dado na relação com clientes e consumidores. Normalmente, para conquistar novos consumidores, gestores incautos de comunicação e marketing são

---

[9] Consideradas condições normais de conduta ética, isto é, não consideradas aqui relações em que uma parte oprime ou explora a outra, dado que, desse modo, não teríamos uma situação de "acordo" em sua principal acepção.

tentados a despertar o interesse dos consumidores elevando suas expectativas, sejam elas em relação à qualidade, aos benefícios ou aos custos. Se essa elevação de expectativa for desproporcional à capacidade da organização em atendê-la, o efeito poderá ser devastador, dado que a empresa acabará por entregar ao seu cliente produtos aquém da expectativa que foi criada. Novamente, geração de passivos intangíveis, sejam eles pelas rubricas da redução da reputação, da eventual perda do cliente, ou da mácula à marca.

Essa equação começa a ficar perigosa na medida em que a quebra de expectativa convertida em passivos intangíveis reduz o lucro econômico e o valor da empresa, principais dispositivos de outro importante "acordo" que a empresa celebra: o acordo com seus acionistas/cotistas de geração de valor. A queda do lucro econômico e a consequente redução no valor das ações desestimula o investimento, provoca a saída de sócios e mais desvalorização da empresa. Reação em cadeia e rumo abaixo.

Superar expectativas é ir além. É cumprir o estabelecido em acordo e proporcionar benefícios adicionais. Por exemplo, um CEO[10] no início do exercício tem a aprovação de seu conselho de administração (veremos a arquitetura de governança corporativa e seus benefícios à gestão sustentável no capítulo 3) para um planejamento estratégico com indicadores que apontam uma estimativa de lucro anual que permitirá uma lucratividade aos acionistas de 5% e estabilidade no valor das ações. Se ao final do ano os demonstrativos registrarem uma lucratividade de 9% e uma valorização de 12% nas ações, a gestão dessa empresa estará superando as expectativas de seus acionistas. A empresa sob tais indicadores muito provavelmente atrairá mais capital e valorizará as ações dos sócios investidores. Nesse caso, destaque-se que também será valorizada a própria gestão

---

[10] Sigla para *chief executive officer* ou principal executivo de uma empresa.

realizada pelos profissionais envolvidos na obtenção de tais resultados: empresa sustentável e carreiras sustentáveis. Esse exemplo pode nos induzir a uma conclusão equivocada: lucros são essenciais à sustentabilidade das empresas. Nem sempre, como já vimos quando tratamos de lucro da empresa e lucro do acionista/cotista neste capítulo.

Quando a empresa busca a geração de valor para seus públicos, é natural que oriente suas ações em direção à superação de expectativas dos clientes, dos sócios, dos fornecedores e colaboradores. Atuando regularmente dessa forma, instala-se a cultura de melhoria contínua, de inovação, de geração de novas oportunidades. Foi por meio da busca da superação de expectativas de consumidores que empresas como a Apple chegaram ao iPhone® e ao iPad® e que a Mercedes-Benz iniciou, em 2010, a comercialização de helicópteros[11] de luxo com sua famosa estrela de três pontas. Foi superando as expectativas dos trabalhadores com um salário de US$ 5,00/hora (*wage motive*)[12] que Henry Ford atraiu os melhores mecânicos da Detroit do início do século XX, reduzindo custos de treinamento e aumentando sua produtividade.

Tal qual na física, ações causam reações e, desse modo, as ações da gestão ocasionarão reações nos *stakeholders* – positivas quando superam suas expectativas ou negativas quando essas mesmas expectativas não forem atendidas. Se, por desatenção ou de modo deliberado, a empresa não zelar pela qualidade nas relações que mantém com seus públicos, o efeito é inverso, e passam a ser gerados os riscos. De acordo com a Norma Internacional de Gestão de Riscos (ISO-31000),[13] "risco é o efeito da incerteza sobre os objetivos" (ISO, 2009b:77). Aplicar de modo

---

[11] Em parceria com a Eurocopter.
[12] Salário provocador de motivação, dado que era o dobro do salário de mercado na época.
[13] International Organization for Standardization (ISO).

sistemático uma política de gestão com procedimentos e práticas de identificação, investigação, avaliação, monitoramento e tratamento de riscos é como ocorre a gestão de riscos, ou gestão de tais incertezas sobre os objetivos.

Cabe enfatizar os riscos de máculas nas relações com os *stakeholders*, isto é, danos nas relações que gerem passivos intangíveis ou reduzam o valor dos ativos intangíveis, interferindo no lucro econômico ou valor gerado aos acionistas/cotistas.

A gestão das expectativas dos *stakeholders* e dos riscos a ela vinculados demandam ações no curto prazo que causam efeitos diretos – positivos ou negativos – nos resultados da empresa e em seus acionistas/cotistas, no médio e no longo prazo. Administrar o equilíbrio entre o curto e o longo prazo é um desafio da gestão sustentável.

O equilíbrio entre o curto e o longo prazo

A liderança de uma organização, seja ela empresarial, estatal ou institucional, deve levar à conta de sua gestão das relações com *stakeholders* um fator decisivo: a dosagem entre o curto e o longo prazo. Ao fazer a análise das expectativas de seus públicos de relacionamento, o gestor e principalmente os membros da governança – leia-se conselheiros de administração e alta gestão – devem investigar e mapear claramente as expectativas em diferentes perspectivas de tempo.

Os fornecedores de uma empresa querem supri-la com seus produtos aos maiores preços possíveis, receber o pagamento por eles nos menores prazos possíveis, querendo ainda regularidade de fornecimento. Os clientes, por outro lado, querem produtos de qualidade, entregues ao tempo certo, nos menores preços possíveis e com os prazos de pagamento mais dilatados. Os funcionários dessa mesma empresa querem maximizar seus salários e ainda agregar a eles benefícios de curto prazo, como auxílio alimentação, auxílio transporte, plano de saúde, entre outros, ao mesmo tempo que desejam estabilidade e, normalmente, possuem a expectativa de continuarem empregados por um bom período de tempo. Nesse meio encontramos os acionistas/cotistas, que seguramente anseiam pela maximização do retorno do capital que investiram. Isto sem mencionarmos os desejos e expectativas dos demais públicos de relacionamento da empresa, como a comunidade na qual está inserida, o Estado, o meio ambiente e até mesmo seus concorrentes.

Nesse ambiente de desejos e expectativas aparentemente antagônicos vivem os gestores estratégicos, sejam eles gerentes, diretores, CEOs ou mesmo os membros da alta governança, ou seja, os conselheiros de administração – aqueles que, por dever de ofício, de função ou de competência, devem ponderar suas análises e suportar suas decisões com base no equilíbrio. Mais uma vez, o equilíbrio, como tantas vezes já citado neste livro – o equilíbrio da geração de valor para os diversos públicos que afetam ou são afetados pelas atividades da empresa ou organização que lideram.

Como estabelecer esse equilíbrio de expectativas tão díspares? O melhor preço para o cliente prejudicará fornecedores e acionistas; salários mais elevados e com mais benefícios tornarão o produto mais caro e reduzirão os lucros; a maximização de lucros pode colocar em risco a relação com fornecedores ou a qualidade entregue ao cliente. Como buscar esse equilíbrio se as variáveis da equação são – de novo – aparentemente antagônicas?

Podemos dizer que realmente essas diferentes expectativas são opostas, pois estão todas na dimensão temporal do curto prazo. Nessa dimensão, a análise restringe-se às variáveis operacionais, analíticas e contabilmente tangíveis. As métricas de análise de resultado nessa dimensão de curto prazo são, por exemplo, o salário do mês, o lucro de uma operação específica, o preço de um projeto.

O ponto de mutação – e aqui, apesar de não estarmos nos referindo à obra homônima de Fritjof Capra (*O ponto de mutação*, de 1983), essa referência seria extremamente válida e oportuna – da gestão operacional para a gestão estratégica, ou da gestão cartesiana para a gestão sustentável (quadro 4) é a mudança da dimensão temporal do curto para a dimensão temporal do médio e do longo prazo.

Quadro 4
PARADIGMA CARTESIANO E PARADIGMA SUSTENTÁVEL

Cartesiano	Sustentável
Reducionista, mecanicista, tecnocêntrico	Orgânico, holístico, participativo
Fatos e valores não relacionados	Fatos e valores fortemente relacionados
Preceitos éticos desconectados da prática	Ética integrada à prática cotidiana
Separação entre o objetivo e o subjetivo	Integração entre objetivo e subjetivo
Seres humanos e ecossistemas separados em uma relação de dominação	Seres humanos inseparáveis dos ecossistemas em uma relação de sinergia
Conhecimento compartimentado e empírico	Conhecimento indivisível, empírico e intuitivo
Relação linear de causa e efeito	Relação não linear de causa e efeito
Natureza descontínua, o todo formado pela soma das partes	Natureza como sistemas inter-relacionados. Soma maior que as partes
Bem-estar avaliado pelas relações de poder (dinheiro, influência etc.)	Bem-estar avaliado pela qualidade das inter-relações socioambientais
Ênfase na quantidade (renda)	Ênfase na qualidade de vida
Análise	Síntese
Centralização do poder	Descentralização do poder
Especialização	Transdisciplinaridade
Ênfase na competição	Ênfase na corporação
Pouco ou nenhum limite tecnológico	Limite definido pela sustemtabilidade

Fonte: Almeida (2002:66).

Quando se percebe que, na visão de longo prazo, as métricas de análise de expectativas mudam para quase todos os públicos de relacionamento, aqueles caminhos antes antagônicos ou divergentes começam a se dispor em um desenho mais próximo do convergente. Na nova dimensão temporal, o salário de curto prazo é o emprego perene e a ascensão profissional; o excelente preço e prazo de uma venda única é o bom preço e prazo de um contrato regular de fornecimento; a maximização do lucro líquido contábil do trimestre é a sólida evolução do lucro econômico e do valor das ações, mesmo com lucros menores.

Em outras palavras, as expetativas dos diferentes públicos de relacionamento de uma organização podem se situar em duas perspectivas temporais. Na de curto prazo, são muito diferentes de um público para outro e, portanto, de difícil conciliação de modo equilibrado. Já na de médio e longo prazos, elas se aproximam, pois vinculam-se a critérios bem mais negociáveis, como perenidade, regularidade e estabilidade.

Na prática da gestão de relações com *stakeholders*, o gestor responsável deve negociar com todos eles o reposicionamento de suas expectativas na dimensão temporal do médio e do longo prazo. Esse deslocamento do eixo possibilita uma maior convergência e a obtenção de acordos que visam a maximização dos ativos intangíveis.

Por exemplo, uma empresa pode discutir preços e prazos de um determinado produto para uma operação específica (curto prazo) ou discutir um contrato de nível de serviço (longo prazo). Os preços de um contrato de longo prazo normalmente são inferiores aos acordados em negociações esporádicas; porém, a regularidade e a qualidade ajustadas darão tanto à empresa supridora como à empresa consumidora um menor grau de risco – ou um maior grau de segurança aos seus investidores – e apenas isso já será suficiente para aumentar o ativo intangível das duas.

Típica substituição de lucro contábil bom para uma parte por lucro econômico bom para ambas. Simples. Sustentável.

Os comitês de sustentabilidade

Como vimos, uma gestão equilibrada dos relacionamentos com *stakeholders* irá zelar pelas expectativas, promover oportunidades e reduzir riscos, aumentando o lucro econômico e, consequentemente, o valor da empresa. Como a busca do equilíbrio nas relações ultrapassa os muros da empresa, acaba gerando valor para as organizações com as quais ela se relaciona, como seus clientes, consumidores, fornecedores, entre outros. Para se atingir esse equilíbrio, o diálogo entre as partes deve buscar o alinhamento em um tempo futuro, quando as expectativas tendem a convergir, dado que são medidas em valores menos tangíveis, porém mais sólidos.

A instalação de comitês de sustentabilidade tem sido uma boa prática da governança das empresas para a zeladoria de suas políticas de sustentabilidade e, principalmente, para a promoção desse diálogo com os públicos de relacionamento. Um ambiente propício à identificação das expectativas, das oportunidades e dos riscos inerentes a cada *stakeholder* fornece um significativo suporte às decisões estratégicas dos conselhos vinculadas à geração de valor.

Cada empresa opta por seu próprio modelo de formação e operação. Porém, o que tem se demonstrado mais eficaz é a inserção de representantes dos clientes, consumidores, fornecedores, acionistas/cotistas, colaboradores e comunidade em fóruns ou comissões em que são discutidas as expectativas de todos em um prazo de equilíbrio. Com base nesse diálogo (ou "polílogo", se aceito o neologismo), os coordenadores desses comitês emitem pareceres que darão suporte à tomada de decisão estratégica do conselho de administração, visando a elevação do grau de sustentabilidade sistêmica da organização e de seus públicos.

Para dar suporte não só ao trabalho dos comitês de sustentabilidade, mas a toda a organização, estão disponíveis ferramentas que, principalmente por meio de indicadores e relatórios, auxiliam a empresa na consolidação de uma gestão sustentável. Veremos algumas dessas ferramentas na próxima seção.

Ferramentas de gestão sustentável

Na interseção dos mais variados conjuntos de ferramentas atualmente utilizadas na gestão sustentável, normalmente encontramos os indicadores como elementos comuns. Nota-se claramente a necessidade de as empresas – e demais organizações não empresariais – estabelecerem uma base de análise de seu estágio atual para em seguida projetarem uma espécie de plano diretor para o alcance de metas mais ambiciosas ou mais próximas dos padrões esperados pela sociedade.

No Brasil, iniciativas pioneiras de balanço social, como o sugerido pelo Instituto Brasileiro de Análises Sociais e Econômicas (Ibase), possuíam poucos indicadores fortemente concentrados em aspectos sociais da relação da empresa com seus colaboradores. Com o passar do tempo, foram sendo discutidas em outros fóruns, como os promovidos pelo Instituto Ethos de Empresas e Responsabilidade Social, questões ligadas às relações com todos os *stakeholders*. Tais questões pediram novos indicadores, que foram tornando os relatórios de sustentabilidade bem mais completos, assumindo, de uma vez por todas, a condição de instrumentos de gestão estratégica da sustentabilidade.

A determinação dos indicadores e a construção dos relatórios, seja por um modelo nacional, como o do Instituto Ethos, seja por um modelo adotado internacionalmente, como o Global Reporting Initiative (GRI), normalmente são realizadas por meio de questionários acompanhados por guias ou tutoriais que promovem o autoaprendizado. Esses materiais expressam conceitos, divulgam boas práticas e estabelecem diretrizes.

Ainda na linha dos roteiros de questões, cabe-nos destacar o questionário base do Índice de Sustentabilidade Empresarial (ISE – BM&FBovespa). Bem-organizado, com protocolos e descritivo de documentos comprobatórios, o questionário foi estruturado em sete dimensões: dimensão geral; dimensão natureza do produto; dimensão governança corporativa; dimensão econômico-financeira; dimensão ambiental; dimensão ambiental – instituições financeiras; e dimensão social. Independentemente de ter sido desenvolvido com os fins específicos do índice de sustentabilidade empresarial da BM&FBovespa, qualquer empresa ou organização pode utilizá-lo como um instrumento didático de incorporação de boas práticas de gestão responsável.

Normas e certificações

As normas, principalmente as relativas aos processos de gestão, não são meros instrumentos de padronização; vão além, assumindo o papel de ferramentas fundamentais à reflexão dos modelos praticados, possibilitando o consequente planejamento da evolução da gestão. Com elas, as organizações exercitam esforços de diagnóstico e buscam a melhoria de seus processos em seus mais variados vieses.

Não é objetivo deste livro detalhar as normas e certificações vinculadas à área de sustentabilidade, mas julgamos fundamental destacar as mais importantes. As normas de maior destaque atualmente são a seguir apresentadas.

Norma NBR-16001 (ABNT)

A NBR-16001 foi publicada pela Associação Brasileira de Normas Técnicas (ABNT) em 2004, após dois anos de trabalhos conjuntos de empresas, organizações da sociedade civil, governo, instituições de ensino, entre outros. A norma fixa os requisitos mínimos de um sistema de gestão da responsabilidade social que possibilite à organização que a ela se submete planejar e implantar uma política que contemple seus compromissos éticos, sua transparência e orientação para o desenvolvimento sustentável (ABNT, 2004).

A NBR-16001 dá às organizações os elementos básicos de um sistema da gestão da responsabilidade social, que podem ser integrados com outras normas de gestão existentes, mas não determina nenhuma avaliação de desempenho. Desse modo, precisa ficar claro que não podemos afirmar que uma organização certificada pela NBR 16001 é "socialmente responsável", mas sim que possui um sistema de gestão da responsabilidade social. A NBR-16001 é indicada às empresas e demais organizações que desejem:

❏ planejar, implantar, gerir e dar melhoria contínua a um sistema de gestão de responsabilidade social;
❏ assegurar-se de estar atendendo aos dispositivos legais e ainda ao que estiver determinado em sua própria política de responsabilidade social;
❏ demonstrar conformidade com esta norma ao:
   1) autoavaliar-se e firmar declaração de conformidade com a norma;
   2) buscar confirmação de sua conformidade por meio de declarações formais de seus *stakeholders*;
   3) buscar certificação por uma organização externa autorizada;
❏ dar suporte ao engajamento de seus *stakeholders*.

Norma ISO-26000

A ISO-26000, elaborada e lançada no final de 2010 pela International Organization for Standardization, não é, ao contrário da NBR-16001, uma norma de sistema de gestão e, portanto, não visa quaisquer fins de certificação ou base para dispositivos contratuais nem é apropriada para tal. Seu objetivo é fornecer diretrizes sobre os princípios básicos da responsabilidade social, seus temas centrais e meios de integrar ações socialmente responsáveis com os processos organizacionais existentes (ABNT, 2010). Trata dos princípios da responsabilidade social empresarial, destacando:

❏ prestação de contas e responsabilidade;
❏ transparência;
❏ comportamento ético;
❏ respeito pelo interesse das partes interessadas;
❏ respeito pelo estado de direito;
❏ respeito pelas normas internacionais de comportamento;
❏ respeito pelo direitos humanos.

Também dirige especial atenção aos temas da responsabilidade social empresarial:

❏ governança organizacional;
❏ direitos humanos;
❏ práticas trabalhistas;
❏ meio ambiente;
❏ práticas leais de operação;
❏ questões relativas ao consumidor;
❏ envolvimento com a comunidade e seu desenvolvimento.

Norma SA-8000 (SAI)

A SA-8000 foi a primeira norma internacional na área de responsabilidade social. Criada pela Social Accountability International (SAI),[14] fixa diretrizes e padrões para as relações de trabalho, sendo sujeita a auditoria e certificação.

---

[14] Nome atual do Cepaa (Council on Economic Priorities Accreditation Agency), organização que originalmente elaborou a norma em 1997.

A SA-8000 é reconhecida internacionalmente como uma norma orientadora de um sistema de implantação, manutenção e checagem de condições legais dignas e de respeito aos direitos fundamentais dos trabalhadores. De modo semelhante à NBR-16001 e à série de normas de qualidade ISO-9000, organiza-se como um sistema de auditoria. Seus dispositivos baseiam-se na Declaração Universal dos Direitos Humanos das Nações Unidas, nas diretrizes da Organização Internacional do Trabalho (OIT), entre outras convenções vinculadas às relações do trabalho. Foca suas atenções em formas de trabalho forçado, trabalho infantil, direito de associação no trabalho, condições de salubridade e segurança, práticas discriminatórias, entre outras (SAI, 2001).

Série de normas ISO-14000

A série de normas ISO-14000 é editada pela International Organization for Standardization (ISO) e fixa as diretrizes de gestão ambiental no ambiente empresarial. É uma série, pois, que engloba outras normas com o prefixo 14 (exemplos: ISO-14020, 14040, 140064 etc.), divididas em grupos de acordo com os subcomitês que trabalharam no seu desenvolvimento. O Subcomitê de Sistemas de Gestão Ambiental coordenou a edição da Norma ISO-14001, que estabelece diretrizes para a implantação de um sistema que gerencie as questões relativas ao meio ambiente na esfera da organização. É a mais conhecida entre todas as normas da série. As demais normas foram elaboradas de acordo com as seguintes áreas de foco:

❏ auditorias na área de meio ambiente;
❏ rotulagem ambiental;
❏ avaliação do desempenho ambiental;
❏ análise durante a existência ou análise de ciclo de vida;
❏ definições e conceitos;

- integração de aspectos ambientais no projeto e desenvolvimento de produtos;
- comunicação ambiental;
- mudanças climáticas.

Nas auditorias para certificação – ou manutenção – da ISO-14000 é verificado o atendimento de requisitos como: cumprimento da legislação ambiental, diagnóstico atualizado dos impactos ambientais causados pela atividade da organização, padrões e planos de ação para eliminar ou diminuir os impactos ambientais, pessoal devidamente qualificado, entre outros (ABNT, 1996).

Ao longo deste capítulo, procuramos, de modo objetivo, navegar dos conceitos mais teóricos de sustentabilidade corporativa e desenvolvimento sustentável ao pragmatismo das ferramentas de gestão. Nesse trajeto, passamos pelos mecanismos que regem a zeladoria do equilíbrio das relações com *stakeholders*, gerando ativos intangíveis e minimizando os passivos intangíveis. Vimos que os ativos intangíveis geram lucro econômico ao acionista, reduzem seus riscos e atraem mais investimentos, valorizando a empresa. Falamos de geração de valor, mas de um valor que só será gerado de modo sustentável quando outros valores estiverem presentes. Valores que compõem a ética corporativa. Esse é o tema do capítulo 2.

2

Ética corporativa no contexto da gestão sustentável de negócios

Julho de 1969. Enquanto a Apolo 11 fazia sua incrível viagem para levar o primeiro homem à lua, um jovem sergipano, com uma "planta" debaixo dos braços, percorreu a cidade de Belo Horizonte à procura de possíveis interessados na compra de lotes em um novo empreendimento. Até aqui, um relato puramente natural de um corretor prospectando novos clientes. O insólito da situação aparece quando se sabe o local da oferta imobiliária: tratava-se de um condomínio situado na superfície lunar. Como é próprio da lógica desse tipo de loteamento, os preços dos terrenos eram diferenciados. Assim, os próximos ao "mar da Tranquilidade" eram mais caros do que os localizados nas cercanias do "mar da Tormenta"! Apesar da baixa escolaridade, mas contando com sua habilidade natural para vendas, o "corretor" em questão saiu-se muito bem e, não fosse a intervenção policial, teria fechado um grande negócio com dois fazendeiros.[15]

---

[15] Este caso realmente aconteceu e foi noticiado em matéria da revista *Veja* (Dias Júnior, 2010:13-14).

Este fato inusitado está posto aqui introdutoriamente por ilustrar algumas questões de fundo da relação entre a ética e a gestão de um negócio: será que nós, seres humanos em geral, brasileiros em particular, não estaríamos irremediavelmente condenados a criar mecanismos de trapaça quando se trata do ganho financeiro? Ver oportunidades de ganho fácil, mesmo nas mais esdrúxulas, como a referida acima, não seria um referencial a partir do qual o mundo dos negócios se guia? Os germes da falta de ética já não estariam intrinsecamente instalados no sistema capitalista, uma vez que o mesmo se estrutura essencialmente sobre resultados e lucratividade? É realmente possível um negócio (leia-se lucro) ser ético? Empresa e ética são realidades capazes de andar juntas ou, na prática, são inconciliáveis?

A essas perguntas têm-se dado diferentes respostas. Duas são majoritárias. Examiná-las é uma tarefa imprescindível para alcançarmos os objetivos propostos neste capítulo.

A dissociação entre ética e negócios: um equívoco a ser superado

Tanto no âmbito acadêmico quanto na gestão diária de uma corporação de caráter financeiro, existe um significativo número de postulantes à ideia de não misturar ética com negócios. Para estes, a chamada ética empresarial não passa de um cosmético, um discurso para maquiar a real maneira como operam as organizações com fins lucrativos. O cotidiano de qualquer empresa no Brasil, seja ela pequena, média ou grande, é por si mesmo a evidência dessa "verdade", afirmam os defensores desta teoria.

Na arena acadêmica, tomemos como exemplo deste pensamento Laville, considerada a introdutora da reflexão sobre sustentabilidade na França e fundadora da Utopies, que oferece consultoria nessa área. Dissertando sobre o uso do termo ética, a consultora francesa afirma que:

pessoalmente, pouco o utilizo, pois parece pertencer ao campo filosófico, individual, indispensável e incontornável, sem dúvida, porém íntimo e não tão próprio ao mundo empresarial. Como enfatiza o filósofo André Comte-Sponville, "a ética empresarial é uma estratégia de marketing e comunicação da empresa, mas não tem nenhuma relação com a moral [...] Não vejo qual o sentido de uma moral empresarial. Uma empresa não tem moral nem deveres, apenas interesses e obrigações, contabilidade e clientes, objetivo e balanços". (Laville, 2009:37)

Entenda-se que Laville (2009) não está propondo uma atitude antiética às organizações; apenas não consegue ver o vínculo que uma realidade possa ter com a outra. Quem nos ajuda a compreender como e por que geralmente se entende o mundo empresarial dissociado da ética é Adela Cortina. Ela descreve a lógica inerente a essa maneira de pensar:

> Para fazer negócio é preciso esquecer-se da ética comum e corrente, porque os negócios têm suas regras próprias de jogo, regidas por uma ética própria. A missão da empresa consiste em maximizar benefícios, em termos de dinheiro, prestígio e poder, de sorte que esta é uma guerra em que qualquer meio é bom, qualquer meio se justifica, se conduz a um fim. Não existe valor superior neste mundo do que a conta dos resultados, já que "negócio é negócio". (Cortina, 2005a:75)

Indo além da dimensão acadêmica, vem do cotidiano um exemplo de como realmente questões éticas parecem, à primeira vista, não caber no universo das negociações econômicas. Sergio Lazzarini expôs com invejável precisão uma das distorções do sistema capitalista, o chamado capitalismo de laços, definido por ele como:

um emaranhado de contatos, alianças e estratégias de apoio gravitando em torno de interesses políticos e econômicos [...] trata-se de um modelo assentado no uso de relações para explorar oportunidade de mercado ou para influenciar determinadas decisões de interesse. Essas relações podem ocorrer somente entre atores privados, muito embora grande parte da movimentação corporativa envolva, também, governos e demais atores na esfera pública. (Lazzarini, 2010:3-4)

Como ilustração desse conceito, Lazzarini usa um caso dos mais interessantes, que aqui reproduzimos quase em sua íntegra. Ressalte-se desde já que os personagens envolvidos na complexa teia de negociações deste exemplo são aqui retratados apenas para nos alertar das inerentes dificuldades para se lançar juízos éticos sobre o universo corporativo. Portanto, não há, nem explícita nem implicitamente, qualquer conotação pessoal ou política.

O ano de 2009 trouxe para o Brasil a notícia de que a cidade do Rio de Janeiro havia sido escolhida como sede dos Jogos Olímpicos de 2016. Eike Batista foi um dos mais empolgados celebrantes desta vitória brasileira. Ele, que é o homem mais rico do Brasil (fortuna estimada em R$ 7,5 bilhões em 2010), demonstrou seu engajamento pessoal ao ofertar R$ 10 milhões, a fim de ajudar nos esforços que culminaram por trazer para o nosso país evento de tal envergadura.

Paralelamente a esses acontecimentos, travava-se certa "queda de braço" pelo controle da Vale, a gigante mineradora brasileira, que, após 10 anos da sua privatização, tornou-se a segunda maior produtora global de minérios. Esse sucesso se deveu certamente à gestão profissional estabelecida sob uma rigorosa lógica de mercado, na qual as decisões são tomadas visando aos legítimos interesses econômicos dos acionistas, que têm no lucro a recompensa dos seus investimentos. Contudo, sua complexa estrutura societária – um emaranhado público-privado – propicia um ambiente no qual interesses diversos e divergentes naturalmente conflitam. De um lado estava o governo, defendendo que a estratégia da mineradora deveria ser de construção de novas plantas siderúrgicas no Brasil, deixando em solo nacional parte dos investimentos, o que geraria empregos e tributos. Do outro lado, a empresa desejava focar sua expansão no mercado internacional de minério de ferro, aquecido pela compra maciça desse produto pela China, dando assim uma ênfase muito maior à exportação do que ao investimento interno. A direção da Vale apoiava-se, então, para defender esta posição, na lógica de que investir na construção de siderúrgicas era uma estratégia equivocada, uma vez que já existiam muitas delas no mundo e construir novas somente iria aumentar a capacidade ociosa da indústria.

Acompanhando esse debate, Eike, o bilionário brasileiro que desejava fazer parte do bloco de controle da companhia mineradora, se alinha à ideia de que a ex-estatal não deveria ser meramente uma eterna exportadora de matéria-prima, mas uma fonte de investimentos no nosso país e que, obviamente, sua participação no controle acionário da mesma ajudaria o Brasil, pelo menos desse seu ponto de vista.

São complexos os detalhes que culminaram na vitória da posição defendida pelo governo em sintonia com o mais rico empreendedor brasileiro. Fato é que, em meados de outubro de 2009, a Vale anunciava investimentos na ordem de R$ 20 bilhões, em que se previam as construções de duas siderúrgicas: uma no Pará e outra no Ceará. Não por coincidência, uma nova campanha de marketing foi lançada com o *slogan* de que a Vale é a empresa que mais investe no Brasil. No mesmo ano, a diretoria da mineradora recebia a notícia de que alguns investidores internacionais venderam suas participações – o bilionário George Soros foi um deles – por entreverem sinais de inequívoca interferência política na gestão da empresa (Lazzarini, 2010).

Eis então delineado o capitalismo de laços: relacionamentos e redes formadas visando aos interesses das partes integrantes do grupo. Analisar tal acontecimento sob um prisma puramente econômico não nos traz dificuldades. Quem, a partir dessa perspectiva, não veria como normal o uso de relacionamentos para se atingir os objetivos de lucro do seu negócio? Ou ainda: sem tais laços, no Brasil, não se acessam determinadas camadas negociais, reservadas somente aos afortunados por relacionamentos garantidores de acesso a elas. Não fez Eike aquilo que se deve esperar de um empresário dentro de um complexo mundo marcado por teias de relacionamentos, que terminam por influenciar grandes decisões?

As complicações analíticas surgem, leitor, quando olhamos o acontecido pelo viés da ética. Senão vejamos: é legitimo, do ponto de vista ético, usar a rede de contatos, construída sim por seus investimentos e doações, para assumir, via influência governamental, parte do controle de uma grande empresa e, assim, expandir seus tentáculos de influência? Da parte do governo, pode-se perguntar: está correto colocar a agenda pessoal de alguns dos seus pares acima dos interesses coletivos? Até onde a influência política de fazer com que investimentos fiquem aqui, em detrimento de uma visão mais técnica de mercado que aposta na expansão internacional, não termina sendo um prejuízo público, enquanto atores privados se beneficiam? Por fim, tem esta complexa equação negocial uma dimensão ética? Ou, como querem alguns, isto é apenas negócio, e, quando se fala de negócios, a ética fica à parte?

Os defensores desta resposta que estamos considerando esquecem que toda ação humana tem uma dimensão ética. Não existe área da existência na qual se possa, em nome de que objetivo for, estar livre de um juízo ético. Elevada a esse patamar de importância, deve a ética permear todas as dimensões da nossa existência, ficando dentro de sua esfera tudo aquilo que interessa à vida humana, inclusive e principalmente a arena econômica.

Assim, não seria a ética um elemento fundamental da sustentabilidade? Não é ela dimensão das mais importantes na gestão sustentável de um negócio? Essas perguntas são respondidas afirmativamente por outro grupo, que vê a ética como componente essencial de uma equação sustentável.

A equação sustentável: ética + negócio = sustentabilidade

Em contraposição ao posicionamento que exclui a ética do chamado mundo corporativo, existe outro grupo que não somente defende a real possibilidade de sintonia prática e teórica desses dois vetores, como adverte para o fato de que, sem o primeiro, o último é insustentável. Com isto, não se está afirmando que as empresas preocupadas em pautar suas negociações dentro de um escopo ético são necessariamente as mais lucrativas de imediato. Ao contrário, por vezes, no curto e mesmo no médio prazo o lucro é a recompensa de uma gestão fraudulenta. O que se quer apontar aqui é que a ausência de ética pode sim vir a produzir lucro, porém a expensas de um enorme prejuízo causado aos *stakeholders* diretos ou indiretos. É, portanto, um lucro excessivamente privado, não sustentável, que coloca em risco a perenidade do negócio, privilegiando sempre um pequeno e impune grupo, capaz de, por meios os mais ilícitos, criar um paraíso pessoal sustentado por um inferno público. Ética corporativa não é um luxo filosófico nem uma matéria individual de foro íntimo reservada a acadêmicos e pensadores teóricos. Antes, é um dos pilares mais evidentes das economias realmente desenvolvidas, dos países com sólido crescimento, das culturas geradoras de uma civilização.

As conclusões de Fukuyama (1999) reforçam a percepção descrita acima, pois revelam de maneira clara como as virtudes sociais são fundamentais na criação da prosperidade econômica. O historiador americano estabelece que é justamente o conjunto dessas virtudes que compõe o chamado capital social de uma economia e toma a confiança como uma das mais fortes e necessárias dessas virtudes sociais. É precisamente esse tipo de virtude o motor da prosperidade ou fracasso econômico de algumas nações. Numa economia moderna, marcada pela tecnologia, pelo valor das ideias, pela globalização, cada vez mais as interações humanas são elementos centrais. Nesse ponto, a confiança é fundamental, pois como pode qualquer relação, inclusive a de negócios, se sustentar sem confiança? Uma cultura que valoriza virtudes como honestidade, equidade, responsabilidade pessoal e trabalho duro verá naturalmente florescer o empreendedorismo e, assim, a tão sonhada prosperidade. Se estas virtudes não são cultivadas e valorizadas, torna-se mais difícil a criação de novas empresas, o que exige constante intervenção estatal para a regulação da atividade econômica. Quanto menos confiança gerada pelo comportamento antiético dos *players*, mais aumentam os chamados custos de transação. Os altos custos de transação, consequentemente, elevam o custo de fazer negócios. A ausência de uma postura ética que cultive virtudes criadoras de capital social aumenta o risco das negociações e favorece a burocratização do processo dentro do qual elas acontecem, inibe o empreendedorismo, estagna a economia e, assim, cria uma cadeia destrutiva do valor e do desenvolvimento. Enquanto ainda tratarmos o ambiente empresarial como um espaço selvagem regido pela lei do mais forte e do mais esperto, continuaremos a presenciar apenas a prosperidade de poucos impunes contraposta ao atraso e à ineficiência de muitos.

O custo gerado pela corrupção é um exemplo prático dessas constatações supracitadas. Práticas negociais fraudulentas e corruptas trazem enormes prejuízos, aumentando absurdamente os já referidos custos de transação. Segundo estimativas do Fórum

Econômico Mundial, as empresas gastam anualmente, em todo o mundo, mais de US$ 1 trilhão com pagamentos de propina (Mohindra, 2010). De acordo com o The Global Competitiveness Report 2010 e 2011,[16] na pesquisa de opinião executiva realizada anualmente com mais de 12 mil pessoas de 33 países, a corrupção aparece como um problema mais sério do que instabilidade dos governos, inflação elevada, ausência de mão de obra especializada e saúde. Esse mesmo relatório revela que a chaga da corrupção em nosso país o coloca em *rankings* baixíssimos quando comparado a outros países na América Latina e no mundo. De 133 países pesquisados, o Brasil aparece como 127º lugar em termos de confiança em seus políticos, 118º em custos de negócios gerados pelo crime e pela violência, 95º com relação ao comportamento ético das empresas e 78º no quesito independência do Judiciário.

Diante de tal cenário, leitor, chega a ser óbvia a conclusão de Michael Pedersen, chefe da Iniciativa Anticorrupção (Paci) do Fórum Econômico Mundial, quando afirma:

> De fato, lutar contra a corrupção reduz os custos de se fazer negócios [...] empresas [...] condenadas por corrupção a pagar multas de milhões de dólares são frequentemente banidas por ter de lidar com enormes prejuízos a sua reputação. Empresas que lutam contra a corrupção atraem consumidores e investidores mais focados em ética, colaboradores com mais elevados princípios, o que certamente dá a essas companhias uma clara vantagem competitiva. (Pedersen, 2010)

O caso da Siemens AG, que se tornou um marco na história do combate à corrupção corporativa, é a encarnação histórica dessas palavras de Pedersen. A empresa foi fundada em 1847,

---

[16] Disponíveis em: <www.weforum.org/reports/global-competitiveness-report-2010-2011-0>. Acesso em: dez. 2010.

na Alemanha, e está presente em mais de 190 países, inclusive no Brasil, onde conta com 15 fábricas, oito centros de pesquisa e desenvolvimento e 12 escritórios de vendas e serviços. Suas atividades dividem-se em seis unidades de negócio, a saber: *automation and drives, power, lighting, IT solutions and services, medical solutions* e *transportation*. Em 2005, veio à tona um esquema de suborno a funcionários públicos que já funcionava há anos, além de fundos secretos enviados, via bancos suíços, para empresas fantasmas. As acusações envolvendo a companhia levaram a diretoria da Siemens a admitir que tais escândalos prejudicaram a imagem do conglomerado. Além disso, a empresa já pagou US$ 1,6 bilhão em multas e na devolução de lucros obtidos através de referidos esquemas de subornos.

Felizmente, percebe-se no Brasil, nos últimos anos, um renovado interesse pelo tema da ética corporativa. Nasce uma nova maneira de se pensar a gestão econômica e estratégica de um negócio, como bem assinalou Patrícia Ashley:

> está se tornando hegemônica uma visão de que os negócios devem ser feitos de forma ética, obedecendo a rigorosos valores morais, de acordo com comportamentos cada vez mais universalmente aceitos como apropriados. (Ashley, 2007:75)

Trata-se de uma gestão dentro do escopo da ética, e isto não apenas pela simples consciência e caráter dos gestores, mas pela óbvia constatação que posturas antiéticas cada vez mais estão sendo punidas pela legislação vigente, por clientes e consumidores interessados tanto no aspecto econômico quanto na sustentabilidade da vida. Nesse sentido, falar de ética é falar da própria vida, pois, como já apontava o espanhol Fernando Savater em seu livro *Ética pra o meu filho*: "toda ética digna desse nome parte da vida e se propõe a reforçá-la, a torná-la mais rica" (Savater, 2004:173).

Afinal, o que é ética corporativa?

A ética nasceu a partir da filosofia grega no momento em que seus mais célebres pensadores empreenderam uma jornada racional em busca de resposta para uma questão central: "Como devemos nós viver?" (Marchionni, 2008:17). A reflexão filosófica decorrente desse questionamento gerou uma "ciência" do viver, uma instrução tutelada pela razão sobre como devemos agir para alcançar uma vida boa, bela e justa. Definiu-se um conjunto de valores, parâmetros e comportamentos através dos quais o bom, o belo e justo seriam atingidos como estilo de vida. Ética é esse conjunto de valores através dos quais o comportamento, os parâmetros pessoais e sociais devem acontecer. Em linguagem mais coloquial, trata-se de um banco de dados composto por valores bons e justos, aos quais toda a existência humana e as sociedades deveriam submeter-se a fim de viverem bem. Embora etimologicamente os termos ética (do grego *ethos*, costumes) e moral (do latim *mores*, hábitos) tenham significados quase sinônimos, há diferenças sutis nem sempre percebidas. Como ponderou Adela Cortina:

> não é de se estranhar que os termos moral e ética apareçam como intercambiáveis em muitos contextos cotidianos: fala-se, por exemplo, de uma atitude ética para designar uma atitude moralmente correta segundo determinado código moral [...]. Não obstante isso, podemos nos propor a reservar – no contexto acadêmico em que nos movemos aqui – o termo Ética para nos referir à Filosofia moral e manter o termo moral para denotar os diferentes códigos morais concretos. Assim chamamos de moral este conjunto de princípios, normas e valores que cada geração transmite à geração seguinte na confiança de que se trata de um bom legado de orientações sobre o modo de se comportar para viver uma vida boa e justa. E chamamos de ética esta disciplina

filosófica que se constitui numa reflexão de segunda ordem sobre os problemas morais. (Cortina, 2005b:20)

Em busca de maior clareza, podemos ainda dizer que a moral se refere a normas de conduta vigentes, geradas por uma sociedade, enquanto a ética resulta do exercício da razão crítica. A regra moral vem de fora do indivíduo, herdada intuitivamente de uma determinada cultura, com forte tonalidade emocional de aplicação mais local e temporal; o valor ético nasce de uma reflexão interior, racional, mais aplicável universalmente, pois trata-se de uma "metamoral, uma doutrina que se situa além da moral, uma teoria raciocinada sobre o bem e o mal, os valores e juízos." (Russ, 1999:7-8).

A ética tem como preocupação central discernir o certo e o errado, o bem e o mal, o justo e o injusto. Esta, como se supõe, não é uma tarefa simples. Pois como concluir se algo é certo ou errado, bom ou mau, justo ou injusto? Quem define tais realidades? Existem duas fontes a partir das quais discernimos e nos comportamos eticamente: as teorias da filosofia moral e o ideal de justiça (Moreira, 1999; Rachel, 2003). Objetivando uma boa compreensão, não apenas descrevemos sinteticamente cada uma destas teorias, mas as classificamos por sua natureza, como pode se ver quadro 5.

Quadro 5
TEORIAS ÉTICAS

Teorias deontológicas (Deon = aquilo que é devido) Escolha ética baseada no princípio	Teorias teleológicas (Telos = fim ou propósito) Escolha ética baseada nos resultados
Metafísica	Utilitarismo
Universalismo	Contratualismo
	Relativismo
	Ideal de justiça

- *A metafísica* é a teoria que defende que o preceito ético vem de uma fonte externa ao ser. Apoiam-se nessa percepção as éticas de caráter religioso, por entenderem a ética como descendente da transcendência ou do transcendente (Geisler, 1984).
- *O universalismo* está próximo da visão metafísica, defende a existência de um padrão universal valendo para todos, sem exceção – uma ética do dever, um certo e errado ao qual todos devem se submeter. Chamado por Imanuel Kant de imperativo categórico, que pode ser sintetizado na máxima kantiana: "Age de tal sorte como se a máxima de tua ação devesse tornar-se, por tua vontade, lei universal da Natureza" (Vaz, 2002:82).
- *O utilitarismo* rompe com a lógica das teorias anteriores focadas no princípio (age-se de acordo com o preceito ético, independentemente das consequências) e entende que são as consequências e não somente o princípio que devemos levar em conta na decisão ética. Certo e errado são preceitos relativos aos resultados. A decisão capaz de gerar as melhores consequências para um maior número de pessoas é aquela a ser considerada certa (Mills, 2005; Thiry-Cherques, 2008).
- *O contratualismo* defende uma boa conduta ética baseada no pacto social. Thomas Hobbes, John Locke e Jean-Jacques Rousseau foram os pensadores contratualistas que nos legaram a ideia de uma sociedade estruturada sob um pacto social. Por conseguinte, temos o dever de agir corretamente, porque essa ação sustenta o bem comum, bem este definido por um contrato social regido pelo poder soberano. O valor ético descende dessa base socialmente contratual (Thiry-Cherques, 2008).
- *O relativismo* defende uma ética consequente da consciência do indivíduo. Certo e errado estão atrelados à subjetividade consciente do agente. A decisão ética não está, neste caso, amarrada a princípios externos ao ser, mas resulta dele (Rouanet, 2006).

❑ *O ideal de justiça* da concepção clássica do direito romano é outra fonte da qual descendem o preceito e a consciência ética. Este ideal, em síntese, postula que todos devem viver honestamente, ninguém deve lesar a outrem, deve-se atribuir a cada um o que lhe é devido. Nasce desse alicerce o direto, com toda a sua legislação, para tentar sustentar o pacto social e garantir, pela via da educação ou da punição, a postura ética dos agentes sociais (Matos, 2006).

A ética empresarial insere-se nesse contexto, sendo classificada como uma ética aplicada ou uma ética prática ou até mesmo uma filosofia prática. A ética aplicada nasce da necessidade de libertar a reflexão ética de sua dimensão somente analítica e filosófica, buscando trazê-la para um campo mais prático e próximo, portanto, do cotidiano real das pessoas e, neste caso, dos negócios (Neri, 2004).

Mas, afinal, o que é ética empresarial? Um dos primeiros acadêmicos a tentar enfrentar essa questão, foi o professor Americano Phillip V. Lewis, que, após consultar 200 livros e artigos, juntamente com a opinião de 185 homens de negócio, catalogou 308 definições, classificando-as em 38 categorias, chegou à conclusão de que tentar definir ética corporativa "é como pregar gelatina na parede" (Meira, 2010:125). Apenas a título de ilustração dessa dificuldade conceitual, no quadro 6 elencamos algumas rápidas definições.

Na tentativa de contribuir com esta discussão, registramos nossa definição de ética corporativa. Estejam eles escritos ou não, sejam conscientes ou inconscientes, é fato que todas as empresas operam a partir de um grupo de valores. Eles norteiam suas decisões, que, por sua vez, determinam seu comportamento. A cultura de uma organização – o DNA a partir do qual toda a vida corporativa acontece – é sempre formada por um grupo de valores. Podemos então dizer que ética corporativa é um conjunto de valores certos, bons e justos que regem as decisões e o comportamento de uma empresa perante todos os seus *stakeholders*. Enfatize-se a qualificação (certo, bom e justo) atribuída aos valores. Isto porque há valores ruins, errados e injustos geradores de sérias distorções e promotores de enormes prejuízos. Podem até mesmo ser considerados comuns, chamados de práticas de mercado, vir embrulhados com racionalizações do tipo: "se não for assim, não sobrevivemos neste setor", mas essencialmente continuam sendo o que são: antiéticos.

Quadro 6
CONCEITUAÇÕES DE ÉTICA CORPORATIVA

Autor	Conceito
Joaquim Martins	"A ética empresarial é o comportamento da empresa – entidade lucrativa – quando ela age de conformidade com os princípios morais e as regras do bem-proceder aceitas pela coletividade (regras éticas)" (Moreira, 1999:28).
O. C. Ferrel	"Ética empresarial compreende os princípios e padrões que orientam o comportamento do mundo dos negócios" (Ferrel, 2001:7).
Klaus Leisinger	"Moral empresarial é o conjunto daqueles valores e normas que, dentro de uma determinada empresa, são reconhecidos como vinculantes. A ética empresarial reflete sobre as normas e valores efetivamente dominantes em uma empresa, interroga-se pelos fatores qualitativos que fazem com que um determinado agir seja um agir bom" (Leisinger e Schmitt, 2001:22).
Ercílio Denny	"A ética empresarial consiste na busca do interesse comum, ou seja, do empresário, do consumidor e do trabalhador" (Denny, 2001:134.)

Os instrumentos mais comuns que as empresas encontram para formalizar sua concepção ética são os códigos de ética, denominados também códigos de conduta, códigos morais, entre outros nomes. Via de regra, são elaborados com o auxílio de representações de todos os setores, indicando quais os valores e normas em que a organização prima, bem como as sanções para o desrespeito a eles. Entretanto, devido à fronteira tênue entre o ético e o jurídico, o que acontece normalmente nos códigos é a mera repetição das normas legais. Além disso, pode haver certa confusão entre questões de ordem administrativa e as de ordem moral. O problema se evidencia quando se tentam "moralizar" todas as questões, confundindo atos de gestão com fatos morais (Srour, 2005). Evitadas essas possíveis confusões, os códigos de ética empresarial têm os seguintes pontos positivos:

- ajudar a difundir os elementos da cultura organizacional, servindo de guia para as situações ambíguas;
- melhorar a reputação da empresa;
- oferecer proteção e defesa contra os processos judiciais;
- melhorar o desempenho da empresa;
- melhorar o comportamento dos empregados (fidelidade, honestidade);
- permitir criar um clima de trabalho integral e de excelência;
- regulamentar estratégias para evitar erros em matéria de ética;
- catalisar as mudanças da organização;
- incitar comportamentos positivos;
- ajudar a satisfazer a necessidade dos investidores que querem realizar negócios éticos; e
- ajudar a proteger os dirigentes de seus subordinados e vice-versa. (Tonin, 2006: 7)

Estes conceitos essenciais nos preparam então para visualizar a história da ética corporativa no contexto de negócios brasileiro.

Ética corporativa no Brasil: um breve histórico

Historicamente, leitor, a ética corporativa situa-se dentro de uma fundamental mudança de paradigmas. Os negócios inicialmente foram sempre geridos tendo em vista um único vetor: o *stockholder* ou *shareholder* (acionista/cotista). O grande público não era considerado, nem mesmo informado:

> A filosofia dos grandes empresários durante todo século XIX baseava-se na doutrina de que, quanto menos o público soubesse de suas operações, mais eficientes, lucrativas e até socialmente úteis elas seriam. A única preocupação das grandes empresas nascentes referia-se a seus acionistas ou *stockholders*, em detrimento de qualquer outro público que tivesse alguma relação com a empresa. Esta postura de desprezo com relação aos desejos, necessidades ou exigências dos demais públicos das empresas foi traduzida em uma célebre frase de William Vanderbilt (1794-1877) – famoso empresário americano, filho de Cornelius Vanderbilt e presidente da New York Central Railroad – quando um repórter o perguntou se as estradas de ferro deveriam funcionar para o benefício público: "O público que se dane". (Daineze, 2004:86)

Esse era um tempo no qual

> aplicava-se a visão do banqueiro alemão ao qual se atribui a qualificação dos acionistas minoritários como sendo tolos e arrogantes. Tolos porque lhe entregavam o dinheiro e arrogantes, pois ainda pretendiam receber os dividendos. (Martins, 1999:31)

Obviamente, ao longo da história, tal maneira de administrar negócios não poderia se sustentar. Então, como consequência menos de reflexão e mais de pressão, o foco deixou de estar posto somente sobre o *shareholder*, ampliando-se obrigatoriamente para o *stakeholder*. Ao falar em pressão queremos nos referir ao fato de que, ao contabilizar as perdas financeiras e de reputação de uma gestão marcada pela ausência de ética, as corporações se sentem obrigadas – em um ambiente globalizado e naturalmente promotor de maior visibilidade dos atos da companhia – a ser mais éticas, como muito bem define Robert Henry Srour:

> É importante assinalar que a estreiteza de horizontes pode custar caro às empresas que, num ambiente competitivo, se comportam como se fossem empreendimentos piratas, apenas movidos por uma visão imediatista. Porque, enquanto houver um mercado aberto e um ambiente político liberal, as empresas ficam sob o fogo cerrado da vigilância da sociedade civil. Mais ainda: seus investimentos exigem longa maturação, reputação de marca, ocupação de um espaço empresarial particular que depende da competência técnica e da utilidade pública. Nestas precisas condições, a lógica da acumulação do capital continua pontificando, é claro, sem o que o sistema deixaria de ser capitalista. Mas a esta lógica adiciona-se uma extraordinária têmpera: a responsabilidade social. (Srour, 2000:187)

Como vimos no capítulo 1, compreende-se por *stakeholders* o público direto e indireto que compõe o universo do negócio, afetando-o ou sendo afetado por ele. Também vimos a mudança de paradigma do modelo cartesiano para o modelo sustentável.

As empresas brasileiras não são exceção a tal mudança de paradigmas. Também internalizaram a gestão direcionada para os *stakeholders*. Uma das provas evidentes desse fato é a própria evolução histórica do conceito de ética corporativa em nosso país, que em nossa visão passa por três períodos distintos.

O primeiro pode ser situado na década de 1960. O foco estava posto sobre o tema da ética vista na perspectiva de gestores cristãos. Naquele período, associações de empresários, que já àquela altura viam na ausência de ética um dos principais vetores das crises econômicas mundiais, começaram a tentar introduzir princípios éticos como componentes da gestão dos negócios. A Associação dos Dirigentes Cristãos de Empresas do Brasil (ADCE-Brasil), fundada em São Paulo no ano de 1961, pode ser considerada a pioneira dessa discussão, como também da tentativa de criar boas práticas éticas na gestão empresarial. Prova disso é a *Carta de princípios do dirigente cristão de empresas*, publicada em 1965 pela filial paulista da ADCE. Em 1974, a associação publicou "O Decálogo do Empresário" e, como se pode ver a seguir, esse documento se baseava no fato de que as empresas deveriam, além de produzir bens e serviços, também desempenhar uma função social com seus trabalhadores e com a comunidade em geral, lançando assim as primeiras sementes para conectar ética ao conceito de responsabilidade social das empresas. Vejamos:

1º. Aceitamos a existência e o valor transcendente de uma Ética Social e Empresarial, a cujos imperativos submeteremos nossas motivações, interesses, atividades e a racionalidade de nossas decisões.

2º. Estamos convencidos de que a empresa, além de sua função econômica de produtora de bens e serviços, tem uma função social que se realiza pela promoção dos que nela trabalham e da comunidade na qual devem integrar-se. No desempenho desta função encontraremos o mais nobre estímulo à nossa autorrealização.

3º. Julgamos que a empresa é um serviço à comunidade, devendo estar aberta a todos que desejam dar às suas capacidades e às suas poupanças uma destinação social e criadora, pois consideramos obsoleta e anacrônica a concepção puramente individualista da empresa.

4º. Consideramos o lucro como o indicador de uma empresa técnica, econômica e financeiramente sadia e com a justa remuneração do esforço, da criatividade e dos riscos assumidos. Repudiamos, pois, a ideia do lucro como única razão da atividade empresarial.

5º. Compreendemos como um compromisso ético as exigências que, em nome do bem comum, são impostas à empresa, especialmente pela legislação fiscal e pelo direito social.

6º. Temos a convicção de que nossa atividade empresarial deve contribuir para crescente independência tecnológica, econômica e financeira do Brasil.

7º. Consideramos nossos colaboradores todos os que conosco trabalham, em qualquer nível da estrutura empresarial. Respeitamos em todos, sem discriminação, a dignidade essencial da pessoa humana; queremos motivá-los a uma adesão responsável aos objetivos do bem comum, despertando suas potencialidades e levando-os a participar cada vez mais da vida da empresa.

8º. Consideramos, como importante objetivo da empresa brasileira, elevar constantemente os níveis da produtividade, sempre acompanhada pelo crescimento paralelo da parte que, por imperativo e justiça social, cabe aos assalariados.

9º. Comprometemo-nos a dar a todos os nossos colaboradores condições de trabalho, de qualificação profissional, de segurança pessoal e familiar, tais que a vida na empresa seja para todos um fator de plena realização como pessoas humanas.

10º Estamos abertos ao diálogo com todos os que comungam de nossos ideais e preocupações, no sentido de contribuir para o permanente aperfeiçoamento e atualização de nossas instituições econômicas, jurídicas e sociais, a fim de garantir para o Brasil um desenvolvimento justo, integral, harmônico e acelerado. (O compromisso da empresa, s.d.)

Um segundo momento acontece nas décadas de 1970 e 80. Nesse quadrante histórico, o foco se amplia um pouco mais para a questão da responsabilidade social (Tenório, 2007). Em nossa análise, leitor, embora a ética estivesse contida nesse conceito, na prática essa expressão terminou por reduzir-se à atuação da empresa na tentativa de minorar os males da nossa sociedade, sejam eles causados por ineficiência ou ausência do Estado. Em que pese o fato de que na academia sempre se envidaram esforços para não permitir a redução desse conceito somente à sua dimensão de assistência ou intervenção social da empresa, como bem o define Patrícia Ashley, que conceitua responsabilidade social como

> o compromisso que uma organização deve ter para com a sociedade, expresso por meio de atos e atitudes que a afetem positivamente, de modo amplo, ou a alguma comunidade, de modo específico, agindo proativamente e coerentemente no que tange a seu papel específico na sociedade e a sua prestação de contas para com ela. (Ashley, 2007:20)

São referências desse período a Fundação Instituto de Desenvolvimento Empresarial e Social (Fides), egressa da ADCE, e o Instituto Brasileiro de Análises Sociais e Econômicas (Ibase), com o sociólogo Herbert de Souza como um dos seus principias idealizadores. O Ibase, que tinha no seu nascedouro o objetivo de democratizar a informação, acabou por ir mais além, contribuindo significativamente para a mobilização da sociedade em geral e das empresas em particular no engajamento às questões sociais. Surge, neste contexto, o balanço social, sem dúvida, um marco na aproximação das corporações lucrativas com as questões sociais do Brasil.

Um terceiro momento situa-se na década de 1990 e tem na fundação do Instituto Ethos de Empresas e Responsabilidade

Social sua baliza mais definitiva. A ética volta então a ocupar um lugar central na definição de responsabilidade social, posto que, nesta década, compreende-se que o comportamento socialmente responsável da empresa tem como ponto de partida sua conduta ética, como evidenciado na definição que o instituto oferece:

> Responsabilidade social empresarial é a forma de gestão que se define pela relação ética e transparente da empresa com todos os públicos com os quais ela se relaciona e pelo estabelecimento de metas empresariais que impulsionem o desenvolvimento sustentável da sociedade, preservando recursos ambientais e culturais para as gerações futuras, respeitando a diversidade e promovendo a redução das desigualdades sociais. (Instituto Ethos de Empresas e Responsabilidade Social, 2012)

Como vimos, esse tema evoluiu significativamente ao longo dos últimos 30 anos. Porém, no final desse decênio e no limiar do novo século, o conceito de responsabilidade social foi "substituído" por sustentabilidade. Este é um termo ainda vago e que merece maior aprofundamento no seu significado. Pretende ser uma síntese dos elementos anteriores, isto é, sustentabilidade corporativa entendida como ética aliada às responsabilidades da empresa nas esferas social, ambiental e econômica. Todavia, a palavra sustentabilidade parece ser, pelo mercado em geral, reduzida à relação do negócio com o meio ambiente (Aligleri, Aligleri e Kruglianskas, 2009; Smeraldi, 2009; Laville, 2009).

Portanto, historicamente no contexto brasileiro, o tema da ética corporativa nasce com a preocupação de se fazerem negócios de maneira correta; depois assume um matiz mais social através do conceito de responsabilidade social – tantas vezes confundido com mero assistencialismo – para, então, ganhar uma coloração mais verde com o tema da sustentabilidade. Entretanto, quando se observa atentamente a linha do tempo da sustentabilidade (anexo), percebe-se que os acordos globais feitos ao longo dos últimos 60 anos, apontam para o fato de que a ética é, sem dúvida, o sustentáculo das relações sociais, econômicas e ambientais.

Ética corporativa: uma análise sistêmica

Desde a década de 1950, um novo paradigma científico tem-se sobreposto ao cartesiano, até ali majoritário, porém não mais suficiente para nos ajudar a entender a complexidade do nosso mundo. Trata-se de um modelo de análise da realidade que a enxerga a partir de suas múltiplas conectividades. O real nasce da rede. Há uma intrínseca interconexão em todas as coisas. Assim definiu um dos principais defensores do que chamamos paradigma sistêmico ou holístico:

> Uma percepção holística significa, simplesmente, que o objeto ou fenômeno que está sendo considerado é percebido como um todo integrado, como uma gestão total, em vez de reduzido à mera soma de suas partes. (Capra, 1998:200)

Tomando esse referencial, analisaremos as consequências sistêmicas da ausência de ética no universo dos negócios. O ponto cego, que parece insistir em sobreviver nas nossas analises, é achar que a simples busca de lucro, desrespeitando qualquer dimensão ética, está isenta de consequências. Ao contrário, dentro de uma visão sistêmica, a ação de uma das partes atinge todas as outras que compõem o sistema. Alguns exemplos recentes confirmam essa máxima.

(a) *Bernard L. Madoff Investment Securities* e suas consequências financeiras e familiares – Bernard L. Madoff era um gestor de fundos de investimentos em uma seguradora que carregava seu nome. Foi preso em 11 de dezembro de 2008, debaixo da acusação de fraudar financeiramente seus clientes. Um dia antes de sua prisão, disse aos filhos: "Tudo é uma grande mentira". Referia-se à incrível operação de US$ 50 bilhões sob sua gestão, que terminou por se evidenciar ser uma símile do esquema de pirâmide inventado por Carlos Ponzi, um imigrante italiano naturalizado americano que deu nome a esse tipo de golpe financeiro (Sanders, 2009:17). É interessante notar que estamos falando de alguém que foi presidente da bolsa Nasdaq e conhecido como

> homem acima de qualquer suspeita, mostrava-se como campeão das preocupações éticas, proteção dos pequenos negócios [...] fora dos círculos financeiros [...] era conhecido como filantropo que demonstrava generosidade com grandes causas humanitárias. (Warde, 2009)

Madoff tornou-se protagonista da maior fraude financeira da história, tendo sido sentenciado a 150 anos de prisão em julho de 2009 por lesar centenas de pessoas físicas e jurídicas, muitas das quais com evidente atuação social e de ajuda humanitária (Sanders, 2009).

As consequências maléficas da atuação de Bernie, como era conhecido o fraudador no circuito de Wall Street, não foram apenas de caráter financeiro, como seria de se supor. Exatos dois anos após a prisão, seu filho mais velho, de 46 anos, Mark Madoff, foi encontrado na sala de estar do seu apartamento em Nova York com uma coleira em torno do pescoço presa no teto (Henriques e Baker, 2010). Mark havia trabalhado com seu pai e estava sendo processado pelas autoridades que tetavam recuperar o dinheiro perdido dos investidores. O diagnóstico ético da razão subjacente a este e a outros tipos de fraude financeira é indiscutivelmente a ganância (Sarna, 2010). É justamente esse vício privado, quando se torna estruturalmente público, que dentro de uma perspectiva sistêmica acarreta enormes prejuízos para quem, direta ou indiretamente, se encontra dentro do seu raio de ação.

(b) Hedge cambial, Sadia e as punições legais sobre o conselho de administração – Na esteira do caos causado pela recente crise econômica mundial, o mercado brasileiro foi afetado pela publicação das perdas bilionárias no balanço de 2008 divulgado pela Sadia. Como se sabe, os prejuízos decorreram de "jogadas" com hedge cambial, um legítimo e legal mecanismo usado por empresas exportadoras com receita e dívida em dólar para se protegerem de futuras oscilações de câmbio. O limite tênue entre a legitimidade de um mecanismo de proteção cambial e o uso dele para alavancar receitas e, consequentemente, distribuir bônus pelos bons resultados, levou a que as operações com esse tipo de derivativo saíssem do controle. Resultado: a contabilização de um rombo de US$ 5 bilhões. A Sadia havia fechado posições de câmbio no mercado futuro a US$ 1,60, apostando que o dólar não subiria, mas antes da liquidação a moeda já havia batido a casa do US$ 1,80. Pelo contrato com os bancos, essa diferença deveria ser paga em dobro, de modo que a empresa se viu compelida a fazer um depósito na bolsa de Mercadorias e Futuros a fim de honrar seus compromissos. Com isto, seu caixa e liquidez estavam seriamente ameaçados. Negociações com credores fizeram a dívida ser reduzida pela metade, mas não evitaram a precipitação da sua venda para a Perdigão (Teixeira, 2010; Oliveira, 2010).

A Comissão de Valores Mobiliários, com base no art. 153 da Lei de Sociedades por Ações (Lei nº 6.404/1976),[17] iniciou um processo investigativo sobre membros do conselho de administração da companhia, que tinham como uma das suas

---

[17] "Art. 153. O administrador da companhia deve empregar, no exercício de suas funções, o cuidado e diligência que todo homem ativo e probo costuma empregar na administração dos seus próprios negócios."

funções precípuas o monitoramento de qualquer atividade, especialmente as indevidas, que colocasse em risco o negócio. Enquanto as operações com *hedge* cambial deram volumosos resultados, nada havia que se questionar, mas, na constatação do sério prejuízo, percebeu-se que uma série de fronteiras éticas e mesmo legais havia sido ultrapassada. Em recente decisão, a CVM condenou a conduta de membros do conselho de administração, aplicando multas somando R$ 2,6 milhões a nove deles. Quatro receberam multas de R$ 400 mil por integrarem o conselho de administração e comitês de auditoria ou de finanças, além da comutação da pena de inabilitação ao seu diretor financeiro, impedindo-o de assumir essa função por um período de três anos (Teixeira, 2010).

(c) *O Panamericano e sua influência no setor de bancos médios* – O Banco Panamericano, braço financeiro do grupo Silvio Santos, sistematicamente, desde 2006, vendeu R$ 2,5 bilhões em carteira de crédito a outras instituições e "esqueceu" de retirar esses valores da coluna de ativos financeiros dos seus balanços. Um esquema tão elementar quanto de uma pequena empresa que desconta duplicatas e mantém o valor na rubrica de contas a receber. Depois que os técnicos do Banco Central detectaram o problema e o escândalo veio a público, sombras foram lançadas sobre toda a cadeia envolvida, inclusive as auditorias contratadas para fazer a chamada *due dilingence*,[18] quando, em 2005, a Caixa Econômica comprou 49% de suas ações. Lembremos do paradigma sistêmico: quando um integrante age de determinada maneira, todo o sistema é afetado. A atitude fraudulenta dos responsáveis pela artimanha contábil trouxe prejuízos significativos, não

---

[18] O termo *due dilingence* deriva do conceito do direito romano *diligentia quam suis rebus*, ou seja, a diligência de um cidadão em gerenciar suas coisas. No contexto empresarial, refere-se a um conjunto de regras sobre a responsabilidade de compradores e vendedores na prestação de informações em procedimentos de aquisição de empresas. A expressão *due dilingence* traduzida literalmente significaria: "devida cautela ou diligência".

apenas para os donos do negócio, mas afetou todo o setor de bancos pequenos e médios. Uma crise de confiança se instalou, colocando em dúvida os processos fiscalizatórios, levando a um aumento estrutural no custo de captação e dos compulsórios, deixando sempre a dúvida se no sistema bancário ainda existiria outro "Panamericano".

É interessante notar a análise de caráter sistêmico que Lirio Parisotto, o maior investidor da bolsa brasileira, faz desta situação:

> atribui a fraude ao sistema de pagamento de bonificações milionárias a executivos financeiros em troca do atingimento de metas agressivas de rentabilidade em bases trimestrais. Ao dizer isso, o maior investidor individual do país, com uma carteira de ações no valor de R$ 2,6 bilhões, compara o caso Panamericano tanto ao escândalo contábil da Enron, nos Estados Unidos, como ao fenômeno das hipotecas *subprime*, no mercado imobiliário americano, e à crise dos derivativos, que vitimou empresas brasileiras na virada de 2008 para 2009. (Campos, 2010)

Como provam os exemplos acima, as consequências da ausência de ética terminam por naturalmente criar sistemas não éticos. Contudo, não podemos esquecer, leitor, de que sistemas são sempre resultados de pessoas. Por isso não poderá haver ética corporativa se não houver gestores éticos.

Ética corporativa: um resultado de gestores éticos

Quase ao final deste capítulo, uma questão de especial relevância se coloca. O termo ética corporativa, se não entendido corretamente, pode nos cegar para um ponto óbvio, mas de extrema importância: a ética empresarial ou a ética de uma organização é o resultado do comportamento ético das pessoas que a compõem. São as pessoas físicas, e não a pessoa jurídica, o ponto de onde nasce a chamada ética corporativa. Perceba-se quanto a isso que, por trás de todos os exemplos empresariais elencados neste capítulo, um ponto em comum os ligava: pessoas, não entidades frias, foram responsáveis pelas tomadas de decisões, pelos comportamentos assumidos e padrões estabelecidos. Assim, como alijar a dimensão humana da complexa tarefa de gerir eticamente uma empresa? Não se deve esquecer que uma boa gestão de projetos (perspectiva técnica) começa e termina com uma equilibrada e sábia gestão de pessoas (perspectiva pessoal).

Enquanto não percebermos essa realidade, continuaremos a contratar por competência e ter de demitir por caráter. Uma gestão marcada por postura ética tem-se mostrado lucrativa (Aguilar, 1996) e, dentro do círculo virtuoso que se vê formado em alguns setores de negócios no Brasil, tal verdade já está fora de qualquer discussão. Contudo, não se pode subestimar a ganância humana e seu poder criativo de burlar normas e sistemas fiscalizatórios. É possível que algumas empresas, por meio do uso de gerenciamento de impressões (tudo que uma pessoa ou organização faz para afetar a percepção dos seus públicos), venham a aderir a um discurso ético, utilizando-o apenas para legitimar um comportamento que é o oposto da imagem criada (Mendonça e Amantino-de-Andrade, 2003).

Nesse contexto, a figura do gestor é absolutamente central, pois, se a ética de uma corporação resulta da ética dos colaboradores, entre esses os líderes gestores são os mais influentes no processo. Daí a premente necessidade de se formarem gestores éticos, isto é, pessoas capazes de transcender um "paradigma puramente econômico e legal da empresa", demonstrando-se sensíveis "às expectativas da sociedade", e dotados de "plena consciência do dever de ir além do compromisso fiduciário com acionistas" (Meira, 2010:133).

Esse gestor ético deve ser dotado de capacidades operativas, características fundamentais de sua pessoa e de sua ação. São essas capacidades ou "sintomas" éticos que o distinguem de um gestor não ético, como se pode ver no quadro 7, a seguir:

Quadro 7
CAPACIDADES OPERATIVAS DE UM GESTOR ÉTICO

Capacidades operativas	Descrição
Imaginação moral	Habilidade de perceber que a rede de relações econômicas em competição é também uma rede de relações éticas e morais. Sua imaginação é sensível às questões éticas envolvidas nas decisões de negócios, ele se empenha em investigar as áreas em que as decisões e comportamentos gerenciais têm chance de prejudicar as pessoas.
Aptidão de identificação e ordenação moral	Poder de discernir a (ir)relevância de fatores morais em jogo numa situação de decisão, habilidade de ver as questões morais como passíveis de serem manejadas. Essa aptidão se desenvolve pela repetição e é fundamental, pois uma decisão errada "expõe a empresa ao criticismo do público, bem como a intermináveis ações legais" (Carroll, 1987:13).
Avaliação moral	Capacidade de julgar. Os aspectos relevados são princípios claros, processos para balancear os fatores morais, habilidade de antecipar as consequências morais e econômicas de uma decisão.
Tolerância à ambiguidade	Muitos gerentes reclamam porque não entendem que uma decisão ética é tão ambígua quanto a grande maioria das suas decisões. Por estarem habituados a decidir sobre questões financeiras, comerciais etc., têm a impressão de que não estão lidando com ambiguidade nesses casos. A clareza no enfrentamento de questões éticas necessita também do hábito para se enraizar; somente com a prática eliminar-se-á a impressão de insegurança que a ética suscita na maioria dos gerentes.
Habilidade de integrar competências gerenciais e morais	Questões morais não estão isoladas das decisões tradicionais da gerência, mas "cravadas no meio delas". Todos os escândalos a que foram expostas as mais diversas empresas são a culminância de uma sequência de decisões, e seus resultados evidenciam que questões éticas estavam envolvidas.
Sentido de obrigação moral	Fundamento de todas as demais capacidades, implica a compreensão de que "fibras morais" – a preocupação com a imparcialidade, justiça e dever para com as pessoas, grupos e comunidade – se entrelaçam no tecido da decisão gerencial e mantêm a inteireza do sistema. Tais qualidades são perfeitamente consistentes com (e são requisitos essenciais para) o sistema de livre empresa, tal como o conhecemos hoje.

Fonte: Meira (2010:124).

A questão é que esse gestor ético, com as capacidades operativas descritas acima, não se forma a partir de aspectos puramente econômicos e técnicos. Teremos de recorrer a uma perspectiva interdisciplinar se quisermos ver nascerem gestores com as competências éticas necessárias para gerir eticamente os negócios. Somente para ficar em poucos exemplos dessa interdisciplinaridade: precisamos do aporte da antropologia para nos ajudar a perceber o que é, como se forma e que peso tem uma cultura organizacional no cotidiano de uma corporação que se quer ética (Barbosa, 2006); necessitamos da concepção filosófica, capaz de oferecer ao gestor uma visão focada em valores inegociáveis, não relativizados por circunstâncias e lugares (Mattar Neto, 2004); carecemos da *expertise* da psicologia para nos ajudar a compreender as raízes do comportamento, as complexas engrenagens dos mapas mentais que definem as tomadas de decisões e explicam por que muitas fronteiras éticas são cruzadas (Ferraz, 2010).

Essa nova concepção de se formar gestores, para Meira (2010), também auxiliaria a debelar uma das mais sérias causas da transgressão ética no âmbito empresarial. Estudiosos do assunto apontam para uma "síndrome" de ignorância e insensibilidade moral nos negócios. A natureza econômica da empresa é a única dimensão da qual se ocupa o gestor. Seu compromisso torna-se única e exclusivamente com os resultados financeiros de sua gestão. A ética não é algo esperado, não é um aspecto com o qual se tenha qualquer expectativa de que o gestor se ocupe. A consequência desse cenário é uma ignorância e insensibilidade éticas naturais que o levam à transgressão não necessariamente por ser mau, mas pelo seu despreparo em lidar com questões de natureza ética. Nesse contexto, uma formação multidisciplinar, apoiada nas melhores reflexões sobre ética corporativa, tiraria de vez do cenário o mito do negócio amoral (a ideia de que negócios não têm qualquer vertente ética), trazendo conhecimento e sensibilidade ética, antivírus para seus opostos (Meira, 2010).

Iniciamos este capítulo, leitor, fazendo-lhe um convite à reflexão sobre se é possível trazer a ética para o mundo dos negócios. Em nossa abordagem, fica evidente a defesa afirmativa desta possibilidade. Mais ainda: asseguramos que não pode haver sustentabilidade sem ética.

Embora tenhamos essas convicções profundamente arraigadas, a bem de uma análise realista e provocativa, devemos reconhecer que o lucro ainda é a grande variável a partir da qual opera o ambiente de negócios no Brasil e no mundo. Quando os resultados financeiros esperados não são atingidos, especialmente em comparação com a concorrência, todos os esforços na direção de uma gestão sustentavelmente ética começam a balançar — ou pelo menos são colocados em segundo plano.

Um dos exemplos mais significativos dessa afirmação é o Banco Real. Em 2001, a fim de integrar a sustentabilidade a toda a cultura organizacional da instituição, a liderança apresentou a cerca de 300 gestores o projeto Banco de Valor, apoiado na ética e na responsabilidade socioambiental. Ainda naquele ano houve uma mudança estrutural e foi criada a Diretoria Executiva de Responsabilidade Social, que mais tarde se tornaria na Diretoria de Educação e Desenvolvimento Sustentável. Em 2005, a instituição realizou *workshops* de negócios sustentáveis para 662 gestores e treinamento específico para 2 mil gerentes, capacitando-os a perceber oportunidades de negócios sustentáveis. Na esteira desses esforços, criou um programa bem-sucedido de microcrédito e lançou o Fundo Ethical, o primeiro fundo de investimento brasileiro socialmente responsável. Na altura do ano de 2007, quando a cúpula diretiva já havia constatado que a integração da sustentabilidade à cultura organizacional já estava em estágio bem avançado, com objetivo de aprofundar mais ainda essa integração, criou o programa Líderes em Sustentabilidade, abrangendo 2,4 mil colaboradores (Aliglieri, Aligleri e Kruglianskas, 2009).

Todo esse esforço gerou enorme reconhecimento nacional e internacional, trazendo para o banco prêmios importantes, tais como: Sustainable Banking Award, do jornal *Financial Times*, considerando o Real o banco mais sustentável do ano de 2006; Empresa Modelo em Sustentabilidade, escolhida pelo *Guia Exame de Sustentabilidade* em 2006, 2007 e 2008. Da consultoria britânica Sustainability, ganhou o prêmio de quinto melhor relatório em sustentabilidade em um universo de 275 publicados por empresas brasileiras. Em 2005, sua estratégia de sustentabilidade tornou-se um caso de estudo na universidade de Harvard (ibid.)

Por conta dessa combinação de esforço e reconhecimento, o banco se tornou uma empresa fortemente atrativa no mercado de trabalho:

> Em 2006, 18 mil pessoas inscreveram-se para concorrer às vagas oferecidas pelo programa de *trainees*. Outras 17 mil participaram do processo de seleção para o programa de formação de novos gerentes para a rede de agências, que recrutou 165 profissionais. (Ibid., p. 26)

Quando, em outubro de 2007, o Real foi adquirido por um consórcio de bancos liderados pelo espanhol Santander, que reconhecidamente não tinha a sustentabilidade como um dos seus traços mais evidentes, receava-se que todo esse esforço sustentável fosse rebaixado na lista de prioridades. Com a manutenção de Fábio Barbosa, o mentor desse processo e seu gestor mais destacado, na presidência do banco comprado, ares de esperança tomaram forma. Afinal, é raro manter-se, na direção da empresa comprada, seu presidente. Obviamente, razões de ordem estratégica e de mercado explicam tal decisão. Porém, é fato que a imagem de sustentabilidade construída na gestão de Barbosa se tornou um "capital" do qual os novos donos não podiam se desvencilhar, se este fosse o caso (Teixeira, 2010).

Em dezembro de 2010, o mercado recebeu a notícia da saída de Barbosa da presidência do banco para ser presidente do conselho de administração. As reais razões por trás desta mudança são insondáveis e tentar fazê-lo seria apenas um exercício inócuo de especulação. Entretanto, análises de mercado, segundo o articulista Alexandre Teixeira, apontam para a velha constatação de que, quando o lucro não é atingido como esperado, a sustentabilidade se relativiza:

> Desde que abriu capital, o Santander manteve praticamente estável o valor de suas Ações. Do fechamento da Bovespa em 7 de outubro de 2009 até 22 de dezembro, quando foi anunciada a troca de cadeiras, a ação do banco valorizou apenas 1,6%. No mesmo período, segundo levantamento da empresa de dados financeiros Econométrica, os papéis do Bradesco subiram 20,2%, os do Itaú Unibanco, 15,4%, e os do Banco do Brasil, 11,1%. Com a Espanha em crise, a pressão por resultados aqui é ainda maior. Uma vez concluída a integração entre Real e Santander, as prioridades são outras. A maioria delas ligadas a metas de crescimento e rentabilidade que foram deixadas em segundo plano. O IPO injetou R$ 14,1 bilhões no caixa do banco há quase um ano e meio. Esperava-se que todo esse capital resultasse em uma expansão fulminante da carteira de crédito, mas isso não aconteceu. (Teixeira, 2010:53)

Esse caso apresentado aqui, à guisa de conclusão, sintetiza e exemplifica os fios condutores a partir dos quais todo este capítulo foi tecido:

❑ não há como pensar sustentabilidade sem refletir sobre ética Qualquer tentativa mercadológica de reduzir o termo sustentabilidade somente às relações da empresa com o meio ambiente, deixando de fora a dimensão ética, é um retrocesso

no esforço de implantarmos negócios lucrativos e também sustentáveis;
- a ética de uma corporação é a soma das tomadas de decisão e do comportamento de cada pessoa que a compõe. Pessoas, e não uma personalidade jurídica, respondem eticamente pelas ações. Essa simples constatação coloca o ser humano no centro das relações econômicas de uma corporação financeira. Dois desdobramentos práticos emergem desse olhar humano sobre as organizações: uma gestão focada nos *stakeholders* e o sério desafio de formar gestores com sensibilidade ética. A perspectiva puramente técnica não é suficiente para dar conta dessa gestão e dessa formação;
- trazer a ética para o ambiente de negócios não é abrir mão do lucro, mas sim qualificá-lo. Pensá-lo numa perspectiva ética é trazer-lhe uma dimensão de sustentabilidade, é produzir um lucro sustentável para o negócio, para seus colaboradores, fornecedores, clientes, parceiros comerciais, acionistas, investidores, meio ambiente, sociedade em geral. É fato que nem todos os setores e organizações alcançaram essa compreensão e estão comprometidos com ela. Como nos casos citados ao longo deste capítulo, ficou evidente que ainda alguns, diante da possibilidade de lucro reduzido ou de prejuízo, optam por uma postura pouco sustentável e antiética.

Diante de todo o exposto até aqui, leitor, fica o enorme porém fascinante desafio de superarmos, no ambiente de negócios brasileiro, a falsa oposição entre ética e lucro, para assim unir esses dois vetores numa equação maravilhosamente sustentável. Isso não somente numa perspectiva puramente conceitual. Na prática, a baliza ética na condução de um negócio, entre os muitos benefícios que gera, termina por reduzir riscos para os acionistas, aumentando seu lucro econômico!

Como vimos, uma gestão sustentável de negócios somente é possível quando apoiada sobre valores éticos sólidos. E é por meio de boas práticas de governança que se pode perceber, no cotidiano de uma corporação, a materialização dessa dimensão ética. Eis por que no próximo capítulo nós avançamos, então, para este outro pilar da sustentabilidade: a governança corporativa.

3

Governança corporativa

A chamada governança corporativa surgiu no início da década de 1990 nos países desenvolvidos, mais particularmente Estados Unidos e Grã-Bretanha, como uma forma de superar o conflito entre os que detêm a propriedade da empresa e aqueles que a administram.

Desse modo, a governança corporativa passou a se constituir num fator essencial para o acesso de uma empresa ao mercado de capitais.

Devido a sua importância intrínseca, as empresas que passaram a adotar a governança corporativa ou, mais particularmente, passaram a adotar uma "boa governança", tenderam a apresentar um melhor desempenho no mercado de capitais.

Foi a análise da separação entre controle e propriedade nas sociedades anônimas, realizadas por Veblen (1973) e sobretudo por Berle e Means (1984), mas também por John Kenneth Galbraith (1985), entre outros, que veio a se constituir na base teórica e prática inicial do que posteriormente seria denominado "governança corporativa", e foi com essa base teórica principal que, mais tarde, vários outros autores formularam questões relativas ao "problema de agência", desenvolvendo toda uma teoria acerca da governança corporativa.

Definição de governança corporativa

Governança corporativa pode ser definida como o conjunto de normas, leis e regulamentos, públicos e privados, que organizam, direcionam e comandam a relação de uma empresa, isto é, de seus controladores e administradores, com aqueles que investem nessa respectiva empresa por meio da compra de valores mobiliários (Garcia, 2005).

De forma mais restrita, governança corporativa pode ser entendida como "regulamentação da estrutura administrativa da sociedade anônima, através (i) do estabelecimento dos direitos e deveres dos vários acionistas e (ii) da dinâmica e organização dos poderes" (Garcia, 2005:3). "Segundo o professor Arnold Wald, governança corporativa é 'o estabelecimento do Estado de Direito na sociedade anônima', na medida em que assegura o interesse social sobre os interesses particulares dos acionistas, sejam eles controladores, representantes da maioria ou da minoria" (Garcia, 2005:3-4).

Mais especificamente, governança corporativa deve ser considerada o conjunto das "maneiras pelas quais os fornecedores de recursos garantem que obterão para si o retorno sobre seu investimento" (Shleifer e Vishiny, 1997:65). Ou "o conjunto de mecanismos que protegem os investidores externos da expropriação pelos internos (gestores e acionistas controladores)" (La Porta et al. apud Garcia, 2005:7).

Segundo Andrade e Rossetti (2004:25), governança corporativa constitui-se no "conjunto de valores, princípios, propósitos, papéis, regras e processos que rege o sistema de poder e mecanismo de gestão de empresas", abrangendo alguns aspectos, entre os quais: (a) os propósitos dos acionistas empreendedores;

(b) maximização da riqueza dos acionistas, minimizando oportunidades conflitantes com esse fim; e (c) padrões de atendimento aos direitos dos *stakeholders*.

Pormenorizando o conceito de governança corporativa, Andrade e Rossetti (2005) observam que existem cinco questões-chave relativas àquela, quais sejam: (1) os conflitos de agência; (2) os custos de agência; (3) os direitos assimétricos; (4) as forças de controle internas e externas; e (5) o equilíbrio de interesses dos *stakeholders*. Vejamos tais questões, leitor.

Surgido da análise econômica, o chamado conflito de agência tem como foco o relacionamento entre as partes principais constituintes da empresa e o contrato estabelecido entre estas. Segundo Andrade e Rossetti (2005), existem dois tipos de conflito de agência, a saber: (a) o conflito entre a estrutura de propriedade e a estrutura de direção presente quando o capital é pulverizado e essas estruturas organizacionais atuam de forma dissociada; e (b) o conflito entre acionistas majoritários e minoritários, quando a tipologia do capital é concentrada e essas estruturas organizacionais atuam de forma sobreposta.

No âmbito das empresas de sociedade anônima (S/A), o conflito de agência se apresenta como um dos principais problemas que, segundo alguns autores, é de difícil equacionamento. Isto porque nessas empresas não existe um contrato completo, isto é, com todos os termos sendo estabelecidos, inclusive os casos previstos. E também porque, tal como qualquer organização ou mesmo sociedade, seus integrantes, os chamados agentes, nunca são perfeitos. Esses dois aspectos foram denominados pela literatura especializada "axioma de Klein" e "axioma de Jensen-Meckling" (Ferreira, 2006:31).

Segundo Klein (2002 apud Ferreira, 2006:31), "não existe um contrato completo que assegure que o diretor executivo ou agente executor vá agir visando atender aos interesses do acionista". Isso se daria em função de que, em um contexto de mudanças, é impossível a realização de um contrato que abranja todas as contingências.

No entanto, é justamente a prática da governança corporativa e, mais particularmente, da boa governança, que pretende dar um encaminhamento para esse conflito de agência. Por outro lado, observa-se que não existem agentes perfeitos. Até porque, segundo a visão racionalista e utilitarista que permeia o mundo dos negócios e a sociedade capitalista de uma maneira geral (para não dizer o próprio homem em geral), os indivíduos atuam sempre de acordo com seu respectivo interesse. Em função disso, é pouco provável que, em determinada circunstância, um determinado controlador venha a privilegiar o interesse dos acionistas (principal) em detrimento de seus próprios interesses (Ferreira, 2006).

Para José Alexandre Scheinkman, governança corporativa deve ser definida como:

> todo um conjunto de mecanismos que investidores não controladores (acionistas minoritários e credores) têm à sua disposição para limitar a expropriação [dos direitos dos minoritários e credores pelos administradores e majoritário]. Esses mecanismos prescrevem regras de conduta para a empresa e de *disclosure*, e garantem a observância de regras (*enforcement*). [Uma vez que,] em muitos casos, os responsáveis pela condução de uma empresa e/ou acionistas majoritários podem tomar decisões, após a venda de ações aos minoritários, que prejudiquem o interesse destes. (Scheinkman, 2008:1)

Vista como um sistema, a governança corporativa pode ser entendida como o sistema que

> tem como o objetivo principal minimizar os conflitos existentes entre os atores responsáveis pela administração, controladores

e acionistas por meio do monitoramento compartilhado estabelecido pelos acionistas controladores de uma determinada empresa ou corporação, de tal modo que os administradores tomem suas decisões sobre a alocação dos recursos de acordo com o interesse dos proprietários. (Victória, 2010:1)

Para Alves (2001:81), a governança

> é um conceito difuso, podendo ser aplicado a métodos de gestão de empresa (governança corporativa) quanto a meios de preservação do meio ambiente (governança ambiental) ou formas de combate ao suborno e à corrupção de funcionários públicos (governança pública). Não obstante o seu caráter difuso, o conceito de governança tem como ponto de partida da busca do aperfeiçoamento das pessoas e das instituições.

Jensen (2001:9) definiu governança corporativa como:

> a estrutura de controle de alto nível, consistindo dos direitos de decisão do Conselho de Administração e do diretor executivo, dos procedimentos para alterá-los, do tamanho e composição do Conselho de Administração e da compensação e posse de ações dos gestores e conselheiros.

De um modo mais abrangente, deve-se considerar a governança corporativa não apenas uma definição de uma prática interna da empresa. Isso porque toda prática desta respectiva empresa, seja ela qual for, somente poderá se realizar de acordo com um contexto institucional e econômico-social. Nesse sentido, se em dado contexto a governança corporativa é vista de um modo restrito, que diz respeito, por exemplo, apenas a acionistas e controladores, isso é porque o contexto institucional e econômico-social, e também o cultural, o permitem.

Devido a isso, consideramos que uma definição adequada de governança corporativa deve incluir esse respectivo contexto institucional, econômico-social e cultural, motivo pelo qual também consideramos a governança corporativa

> todo o conjunto de meios jurídicos, culturais e arranjos institucionais que determina o que as empresas e o capital aberto podem fazer, quem pode controlá-las, como seu controle é exercido e como os riscos e retornos das atividades das quais são responsáveis são alocados. (Blair, 1995:3)

Tais práticas, enquanto institucionalizadas, passam a ter um caráter normativo que, por sua vez, tende a apresentar uma legitimidade. Desse modo, pode-se considerar também que a governança corporativa e as práticas organizacionais associadas a esta se constituem em "ações sociais regularizadas e recorrentes que continuamente constroem e reconstroem a organização como um sistema social espaço-temporalmente delimitado" (Albuquerque Filho e Silva, 2009:632).

Conforme se observou anteriormente, leitor, não existem agentes perfeitos. Desse modo, deve-se entender tanto o conflito de agência estrito senso quanto o próprio mercado como organizações não totalmente eficientes. Ademais, essas próprias instituições devem ser consideradas estruturas sociais que se encontram imersas em arranjos legais mais amplos. Devido a isso, deve-se considerar, também, que a própria prática da governança corporativa é algo bastante contingente (Rossoni, 2009:72).

Mais particularmente, a governança corporativa deve ser vista como um sistema dentro do qual atuam três principais atores, quais sejam: os acionistas, os executivos e o conselho de administração (Rossoni, 2009:73). Nesse sentido, a prática da governança corporativa envolve duas concepções diversas de relacionamento entre esses respectivos atores: uma vertical e outra horizontal (Rossoni, 2009).

> A dimensão vertical ocorre entre executivos e acionistas minoritários, cuja propriedade é dispersa, não havendo nenhum acionista dominante (modelo americano e britânico de propriedade). Assim, o foco da governança [corporativa] é garantir que executivos e conselho de administração atuem de acordo com os interesses dos acionistas [...]. Já a dimensão horizontal das relações de governança ocorre quando há um acionista dominante que potencializa o atendimento de seus interesses em detrimento dos interesses dos acionistas minoritários (modelo europeu, asiático e latino americano). Nessas circunstâncias, o principal objetivo de mecanismos e instituições relacionadas a governança corporativa é interromper ações autointeressadas do controlador.
>
> A diferenciação das relações entre acionistas, conselheiros e executivos nas duas dimensões apontadas acima ocorre porque diferentes fatores culturais, políticos, jurídicos e institucionais de maior amplitude condicionam a adoção de práticas de governança nas companhias de capital aberto [...]. Em face desse condicionamento, em ambientes institucionais nos quais a proteção ao direito dos acionistas é pequena, existe uma tendência de a estrutura de propriedade ser mais concentrada [...], o que leva os sistemas de governança a apresentarem uma forma horizontal, enquanto em ambientes em que a proteção aos acionistas é maior, há uma tendência a uma maior pulverização das ações e uma maior diluição da propriedade. (Rossoni, 2009:72-73)

Do exposto anteriormente, pode-se observar o quanto fatores institucionais e sociais mais amplos condicionam sistemas e práticas de governança. Devido a isso, pode-se dizer que, para que as práticas de governança possam resolver os problemas de agência (entre o agente e o principal), estas devem ser tidas como legítimas para a sociedade como um todo (Rossoni, 2009).

Dentro dessa perspectiva, podemos observar como existe uma expectativa na sociedade de que as empresas ajam de um modo socialmente responsável. Por outro lado, uma ação empresarial considerada irresponsável do ponto de vista social, mesmo que restrita ao conflito de agência, pode afetar sobremaneira, de um modo negativo, a "imagem as empresa" e, consequentemente, sua própria marca registrada. Esse fato terá como consequência uma perda de valor real e simbólico da empresa como um todo.

É por isso que, conforme observou Rossoni:

> uma visão estritamente econômica acerca das práticas de governança tende a ser questionável, mesmo ainda que boa parte do discurso sobre governança corporativa confunde-se com o de financeirização das organizações, havendo prevalência da lógica instrumental financeira sobre as demais. (Rossoni, 2009:73)

Deve-se considerar que a definição de práticas e códigos da governança corporativa e, mais particularmente, da boa governança, devem estar relacionadas não apenas a uma eficiência dos mercados, mas também a um papel legitimador, por trás do qual deve residir uma justiça distributiva, bem como uma justiça em geral (Rossoni, 2009).

Segundo Fligstein e Freeland (apud Rossoni, 2009:76), as práticas de governança mundialmente disseminadas, quando incorporadas nos mercados nacionais, tendem a apresentar uma configuração de acordo com três fatores, quais sejam: o grau de industrialização da economia, o papel do Estado em regular os direitos de propriedade e as regras de cooperação e competição entre firmas e o papel das elites nacionais.

Considerando o que foi exposto anteriormente e o que podemos observar acerca dos modelos práticos de governança corporativa "realmente existentes", é possível verificar o quanto toda governança corporativa depende do modelo institucional específico no qual está inserida.

Desse modo, também podemos considerar que o processo de difusão e de disseminação de práticas de governança corporativa ao redor do mundo por meio de diversos mecanismos está relacionado tanto à eficiência de tais práticas quanto a uma legitimação desta prática e ao conteúdo normativo que ela proporciona (Rossoni, 2009).

Considerando esse caráter contextual e institucional da governança corporativa, é possível identificar alguns eventos econômico-sociais que possibilitaram a disseminação de sua prática. Em primeiro lugar, a globalização, envolvendo um processo tanto de liberalização quanto de internacionalização das economias e sociedades por meio de uma "revolução da informática" e um processo imbricado de financeirização, com a decorrente integração de mercados financeiros. E, em segundo, uma transformação da estrutura de capital das empresas com o advento dos chamados investidores institucionais, entre os quais os fundos de pensão e os fundos de investimento (Rossoni, 2009).

Devido a essa inserção da empresa na sociedade e, portanto, ao caráter necessariamente institucional da governança corporativa, ocorre muitas vezes de a sociedade em questão ter de se adequar, em termos de seu aparato legal. Ocorre que, muitas vezes, o poder legislativo dessas sociedades se apresenta mais como um obstáculo do que como um propiciador dessa própria governança. Devido a isso, os mercados procuraram criar códigos de boa prática de governança corporativa. No entanto, o fator fundamental para a adoção de tais códigos foi a ocorrência de uma série de escândalos em uma série de empresas (Rossoni, 2009).

Paralelo ao conceito de governança corporativa existe o conceito de "democracia societária", considerada um "sistema de equilíbrio e separação de poderes, em oposição ao regime anterior de onipotência e poder absoluto e discricionário do controlador ou grupo de controle" (Garcia, 2005:3-4). Sobre isso, leitor, podemos observar como a boa governança, necessariamente, deve de ser praticada por meio de uma democracia, no caso "democracia societária", sem o que a própria exclusão da expropriação dos acionistas minoritários pelos controladores não seria possível. Nesse sentido, tal como na sociedade, pode-se dizer que, em termos corporativos, a democracia também vem cada vez mais se constituir num valor universal (Coutinho, 1980). No Brasil, o Instituto Brasileiro de Governança Corporativa (IBGC) definiu governança corporativa como:

> O sistema que assegura o governo estratégico da empresa e a efetiva monitoração da diretoria executiva. A relação entre propriedade e gestão se dá através do conselho de administração, a auditoria independente e o conselho fiscal, instrumentos fundamentais para o exercício do controle. A boa governança assegura aos sócios equidade, transparência, responsabilidade pelos resultados (*accountatability*) e obediência às leis do país (*compliance*). (IBGC, 2003 apud Garcia, 2005:33)

Pode-se observar que existem basicamente duas definições ou formas diferentes de se perceber a governança corporativa: uma que a vê de um modo mais restrito, como uma regulação apenas da relação entre acionistas e controladores, e outra que abrange, além dessa relação, diversos atores, tais como os credores, os fornecedores, os clientes e até mesmo a sociedade como um todo no qual a respectiva empresa essá inserida. No entanto, esta diferença na definição de governança corporativa diz respeito não apenas à definição pura e simples, mas à própria análise dos principais conceitos relativos à mesma segundo diferentes visões de empresa ou visões de mundo.

Conceitos e diferentes perspectivas da governança corporativa

Para uma melhor compreensão da governança corporativa, para além de sua definição, devemos compreender também alguns dos conceitos e perspectivas em relação à mesma segundo diferentes autores. Desse modo, além de a compreendermos de um modo conceitual, a estaremos compreendendo de um modo mais operativo.

Existem duas perspectivas genéricas acerca da governança corporativa, quais sejam: uma que vê a empresa sob uma perspectiva contratualista, ou modelo *shareholder* – considerando, portanto, apenas acionistas e proprietários de um lado e controladores ou gestores de outro –, que vigora nos Estados Unidos e na Grã-Bretanha, e outra que possui uma perspectiva institucionalista, ou modelo *stakeholder*, que além de proprietários/acionistas e controladores/gestores leva em consideração uma série de outros gestores, entre os quais credores, trabalhadores, consumidores e a comunidade de uma maneira geral (Garcia, 2005:9).

Considerando a perspectiva contratualista estrito senso a governança corporativa deve atender primeiro àqueles que estão diretamente implicados na atividade da empresa em questão. Ademais, considerando a existência de uma sociedade capitalista, na qual praticamente todas as empresas estão inseridas, particularmente para o caso das empresas privadas, a governança corporativa deve regular a relação entre proprietários e controladores e proprietários majoritários e minoritários, não devendo, pois, prestar contas a qualquer outro interesse que não este.

Considerando o exposto anteriormente, as empresas de sociedade anônima, portanto, devem apenas regular a ação dos controladores, de modo que estes não venham a expropriar os acionistas e controladores, e propiciarem o maior lucro possível para a empresa como um todo. Considerando o caráter capitalista e privado das empresas de sociedade anônima, por uma perspectiva contratualista, não há por que a governança corporativa dizer respeito a outro grupo que não acionistas e controladores tais como clientes, fornecedores ou a comunidade como um todo. Sobre isso, no que diz respeito à comunidade como um todo, a governança corporativa só teria sentido em considerá-la no mesmo nível em que deve considerar acionistas e controladores caso se tratasse de uma sociedade socialista e não capitalista, como ocorre na maior parte dos casos. É assim que, criticando o modelo institucionalista, Jensen (2001:2) observa que:

> Conceder o controle a qualquer outro grupo que não os acionistas seria o equivalente a permitir a esse grupo jogar *poker* com o dinheiro dos outros, criando ineficiências que levariam à possibilidade de fracasso da corporação. A negação implícita dessa proposição é a falácia que se esconde por detrás da chamada teoria dos *stakeholders*.

Jensen (2001) também observa que os adeptos da referida teoria não explicam como serão resolvidos os conflitos existentes entre os diferentes *stakeholders*.

Sobre a chamada teoria institucionalista, Jensen (2001:10) diz que:

> deixa os executivos sem qualquer princípio para a tomada de decisão, fazendo-os responsáveis por ninguém a não ser por suas preferências pessoais – ironicamente o oposto do que os defensores da teoria dos *stakeholders* desejam alcançar

É verdade que é necessário explicar a forma de se dirimirem conflitos entre os diferentes grupos que não apenas controladores e demais acionistas. No entanto, as críticas de Jensen não procedem em função de diversos desses grupos estarem diretamente relacionados ao investimento realizado pela empresa. Sobre isso, o grupo mais diretamente envolvido nesse investimento é composto pelo credores, uma vez que, apesar de não serem acionistas, possuem um direito sobre parte do valor investido pela empresa, estando sujeitos, tanto quanto os acionistas, ao risco do empreendimento em questão. Em função disso, podemos considerar com Garcia (2005:10) que:

> o credor, que também é um investidor, por abrir mão de recursos, mesmo que temporariamente, em troca de um ativo emitido por uma firma, também é afetado pela política de governança corporativa dessa empresa, visto que é através dela que estes podem monitorar a atuação dos gestores da empresa em direção a viabilizar o futuro pagamento dos seus empréstimos.

A legislação societária brasileira reconhece o interesse dos *stakeholders* em diversos artigos da Lei nº 6.404/1976. É assim que, no parágrafo único do art. 116, é estabelecido que:

> O acionista controlador deve usar o poder com o fim de fazer a companhia realizar o seu objeto e cumprir sua função social, e tem deveres e responsabilidades para com os demais acionistas da empresa, os que nela trabalham e para com a comunidade em que atua, cujos direitos e interesses deve lealmente respeitar e atender.

Já o art. 117 prevê hipóteses de modalidades de abuso de poder, inclusive para o caso de desvio da empresa em relação ao seu objeto social ou mesmo no caso de ferir algum interesse nacional.

O art. 154, em seu §4º, prevê que o conselho de administração pode autorizar a prática de ações em benefício dos empregados ou da comunidade em função de uma responsabilidade social.

Devido a isso, pode-se considerar a perspectiva institucional tão legítima quanto a perspectiva mais restrita, que considera apenas a relação entre acionistas e controladores. Tudo depende da forma como controladores, acionistas e a sociedade como um todo no qual a empresa está inserida veem a empresa, e de como esta se enraíza na sociedade em questão. Sobre esse aspecto, há de se observar todo o movimento contemporâneo das empresas em prol de uma responsabilidade social e de um desenvolvimento sustentável, que se tem tornado cada vez mais uma exigência da sociedade contemporânea.

A partir dos conceitos e abordagens relatados, vamos apresentar agora os princípios e valores da governança corporativa, para entendimento mais amplo da prática.

Princípios e valores da governança corporativa

São muitos os valores relacionados à governança corporativa. Alguns autores, leitor, chegam a mencionar oito valores básicos como os principais, a saber: (a) o estado de direito; (b) a participação; (c) a transparência; (d) a responsabilidade; (e) o consenso; (f) equidade e inclusividade; (g) efetividade e eficiência; e (h) prestação de contas.

No entanto, mais resumidamente, podemos considerar, junto com Andrade e Rossetti (2004:27), que existiriam apenas quatro valores básicos que fundamentaria a governança corporativa, estabelecidos no Código das Melhores Práticas do Instituto Brasileiro de Governança Corporativa (IBGC), quais sejam:

a) *fairness*, como senso de justiça e equidade no tratamento com os acionistas, sejam eles majoritários ou minoritários, tanto no que diz respeito ao aumento da riqueza corporativa quanto nos resultados das operações e na presença ativa nas assembleias;
b) *disclosure*, que é a transparência nas informações, sobretudo as que são de alta relevância para a empresa e, consequentemente, para os acionistas, especialmente as que impactam os negócios e envolvam riscos;
c) *accountability*, como a prestação responsável de contas, fundamentada nas melhores práticas contábeis e de auditoria, com o uso de auditorias externas; e
d) *compliance*, que é conformidade no cumprimento de normas e regulamentos expressos em estatutos sociais, em regimentos internos e nas instituições legais do país.

Em relação ao senso de justiça ou equidade, deve-se considerá-lo um dos principais valores da governança corporativa, que permite a convivência entre diferentes atores, sejam eles acionistas majoritários ou minoritários ou, ainda, controladores cujos poder e interesses individuais podem divergir sobremaneira. Com efeito, pode-se considerar o senso de justiça como basilar em relação aos demais direitos. Isso porque fazem parte do próprio senso de justiça todos os demais, pois, sem transparência por parte dos controladores em relação à gestão empresarial, não pode haver senso de justiça. O mesmo ocorre com a prestação, que faz parte, por sua vez, da própria transparência. Por fim, não se pode realizar nenhuma justiça entre as partes se não há um mínimo de regras de conduta estabelecidas em normas.

Foi a partir da lógica do princípio do senso de justiça e de equidade que se realizaram diversas modificações por meio da Lei nº 10.303/2001, particularmente em seu art. 15, que determina que as ações preferenciais (em regra sem direito a voto) para as companhias fechadas e as que abriram seu capital a partir da vigência da lei, não podem ultrapassar os 50% do total de ações emitidas, o que garante maior representatividade do capital social em ações ordinárias votantes e um tratamento mais equânime entre os acionistas (Ferreira, 2008:3).

No que diz respeito à transparência, devemos observar, leitor, que, de acordo com os princípios da governança corporativa e, mais particularmente, da boa governança, a empresa deve não apenas informar, mas desejar informar. Nesse sentido, a empresa deve ir além das informações relativas ao desempenho econômico-financeiro, abordando também outros fatores que dizem respeito à ação empresarial.

O princípio de prestação de contas de inspiração norte-americana considera que os executivos devem tanto prestar contas como ser responsáveis pela fidedignidade das informações prestadas. Tal princípio deve geralmente ser confirmado por meio de uma auditoria externa, o que até recentemente não era comum se realizar nas empresas brasileiras. Tanto que, quando houve a listagem de empresas brasileiras na Bolsa de Nova York, estas solicitaram dispensa do cumprimento de tal exigência (Ferreira, 2008).

No entanto, podemos observar, de acordo com o princípio do senso de justiça e de equidade, bem como com a ideia geral da governança corporativa, que o controle externo das ações dos controladores é imprescindível.

Quanto ao princípio da responsabilidade corporativa (*compliance*), devemos observar que, para a prática da boa governança corporativa, não basta que as empresas respeitem as leis e os códigos; é necessário, também, que haja um "convencimento corporativo" sobre essa responsabilidade (Ferreira, 2008, p.4).

É em função desse "convencimento corporativo" que, recentemente, as empresas têm procurado praticar a "responsabilidade social", considerada uma importante forma de agregação de valor, passando a divulgar, em suas informações financeiras, dados sobre a composição de sua mão de obra, índices de acidentes de trabalho e as medidas para contê-los, gastos com tributos e salários e práticas para a redução de impactos sobre o meio ambiente, com o intuito de tornar essas informações acessíveis aos consumidores e investidores (Ferreira, 2006).

Do exposto anteriormente, pode-se observar o quanto os princípios e os valores da governança corporativa e, particularmente, da boa governança encontram-se imbricados um no outro, de modo que não se pode exercer senso de justiça sem transparência, nem prestação de contas sem transparência, ou, ainda, transparência sem prestação de contas, sem o seguimento de normas e regulamentos etc. Tudo isso com responsabilidade corporativa e, conforme o caso, com responsabilidade social.

Pode-se observar também como os valores básicos da governança corporativa apresentam grandes semelhanças com os próprios valores da democracia, não sendo, portanto, meramente casual, conforme observamos anteriormente, que, paralelo ao conceito de governança, tenha-se desenvolvido o conceito de "democracia societária". Este pode ser considerado um valor do qual todos os demais valores mencionados anteriormente fazem parte e do qual são derivados.

E, assim como no caso da democracia na sociedade, para que a gestão da empresa seja exercida de fato como uma democracia, seguindo a prática da boa governança, torna-se necessário que essa gestão seja controlada de alguma forma.

Tal como em uma sociedade, a empresa deve seguir normas, leis (aspecto jurídico), ser gerida por um grupo de administradores (controladores) no aspecto executivo que, por sua vez, devem prestar contas a um grupo maior (assembleia) no aspecto legislativo, de todo semelhante à divisão em três poderes estabelecidas por Montesquieu (1985) e seguidas por praticamente todas as democracias.

Considerado o exposto e o fato anteriormente mencionado de que a governança corporativa deve dizer respeito não apenas a acionistas e controladores, mas também a todo um contexto institucional, econômico-social e cultural, pode-se realizar uma analogia entre empresa e organização social, conforme fizeram Williams e Findlay (1984). Segundo esses autores, a constituição legal de uma corporação pode ser associada a uma pequena república, onde os acionistas são os eleitores, os conselheiros são o poder legislativo, promulgando políticas gerais e buscando comprometer os executivos com sua realização (Williams e Findlay, 1984). Nessa "república", como observou Rossoni (2009:74), o poder judiciário seria "desnecessário" – observação em relação à qual assentaríamos: não desnecessário, mas exercido tanto por acionistas quanto por controladores, tendo como controlador geral dessa relação o próprio sistema jurídico do Estado no qual a empresa em questão está inserida.

É necessário agora discutirmos as formas de controle para a efetiva adoção do modelo de governança nas organizações e suas diversas possibilidades.

Formas de controle

A principal forma de se manter uma boa governança corporativa, controlando os atores envolvidos no processo, é o estabelecimento de determinadas normas jurídicas. Outra forma é o estabelecimento de uma prática de governança e de relação entre os atores capaz de criar uma jurisprudência ou uma cultura de boa governança através do enraizamento de hábitos éticos, o que, comumente, é realizado por meio dos conselhos de administração (Leal e Camuri, 2008).

Nesse sentido, podemos dizer, leitor, que o principal objetivo da governança corporativa é a construção de um conjunto de normas e procedimentos, estabelecidos de modo normativo (com leis, regulamentos e códigos) ou informal (hábitos, costumes, acordos tácitos) que seja seguido por todos os atores envolvidos. Tais normas e procedimentos, por sua vez, constituem-se num processo que deve ser gerido continuamente, em função do caráter essencialmente dinâmico tanto das organizações quanto dos atores envolvidos. Dessa consideração, podemos dizer que a governança deve ser buscada continuamente, de modo a evitar ou diminuir conflitos.

O primeiro código de governança corporativa surgiu em 1992, na Grã Bretanha, a partir de uma iniciativa da Bolsa de Valores de Londres. Posteriormente foram criados outros, como The OCDE Report, de 1999, e o European Shareholders Group, de 2000.

Nos Estados Unidos, para evitar abusos por parte de controladores, foi criada a Lei Sarbanes-Oxley, impondo padrões elevados de governança e severas punições em caso de descumprimento.

As últimas pesquisas apontam para uma discussão que parece basilar na implementação do modelo SOX (Lei Sarbanes-Oxley) pelas empresas brasileiras, a saber: implantar ou não o modelo de comitê de auditoria em contrapartida ao modelo de conselho fiscal adaptado. Essa discussão traz questões relevantes para o resultado das empresas do ponto de vista de desempenho empresarial. Vamos relembrar uma questão de fundo nessa discussão. Quando da publicação da SOX, as empresas brasileiras com ADRs (*american depositary receipts*), que representam ações de empresas não sediadas nos Estados Unidos) listadas na Bolsa de Nova York e, portanto, submetidas à SEC (United States Securities Exchange Commission), foram autorizadas a formar o comitê de auditoria ou adotar o conselho fiscal adaptado. Dessa forma, podemos afirmar que a origem da discussão está mais relacionada a condicionantes externas e não à reflexão local sobre premissas de governança corporativa. Desse modo, as decisões foram personalizadas e não produzem relatos confiáveis, em função de premissas externas não adaptadas à realidade brasileira, para que possamos inferir o resultado para adoção de uma ou outra prática.

Acreditamos que a correlação do retorno acionário das empresas que operam no Brasil e nos EUA com suas respectivas opções em adotar uma ou outra modalidade (comitê de auditoria ou conselho fiscal adaptado) deverá ser objeto de uma análise mais aprofundada por pesquisadores e gestores, visando a um melhor entendimento dessas práticas e sua eficácia.

Para o devido exercício do controle sobre os controladores da empresa, a governança corporativa deve possuir dois mecanismos essenciais, quais sejam: (a) uma estrutura eficiente de incentivos para a administração da empresa, visando à maximização do lucro; e (b) o estabelecimento de uma responsabilidade e salvaguardas, a fim de evitar a possibilidade de uma expropriação dos acionistas pelos controladores (Cerda, 2000).

Outra forma de controle é a que se dá pelo próprio mercado, por meio das aquisições e, mais particularmente, das chamadas aquisições hostis. Com efeito, a ausência da prática de uma boa governança corporativa por parte da empresa em questão tende a ser punida pelo próprio mercado por meio de movimentos de aquisições. Esse mecanismo, no entanto, é quase inexistente na América Latina como uma forma de controle dos diferentes atores de uma empresa em prol de uma boa governança (Leal e Camuri, 2008).

O objetivo de fazer com que os diferentes atores envolvidos na atividade da organização entrem num acordo em relação ao modo de pensar e de agir, com a prevenção, resolução e diminuição dos respectivos conflitos, visa fazer com que a atividade-fim da organização possa se realizar da forma o mais plena possível, tendo como resultado o maior retorno possível – por parte da organização e dos atores envolvidos – sobre o valor investido.

No entanto, leitor, a forma específica como esse controle é realizado pelos diferentes atores envolvidos, em uma relação mútua, guiada pelos respectivos códigos, depende da forma específica como se desenvolve a governança corporativa nos diferentes contextos econômico-sociais em que as empresas estão inseridas.

A criação de ações preferenciais sem direito a voto, a adoção de estruturas piramidais de controle e participações cruzadas resultando em estruturas de controle minoritário permitem que acionistas controlem a empresa, mesmo participando minoritariamente do capital social. (Garcia, 2005:16)

O Brasil é um mercado com estrutura de propriedade concentrada. Nesse caso, o problema da agência é a relação entre acionistas majoritários e minoritários.

Aqui, as chamadas ações ordinárias e as ações preferenciais (sem direito a voto) foram criadas justamente para equilibrar a relação entre acionistas majoritários e minoritários.

Diferentes modelos de governança segundo os exemplos efetivamente praticados

Os diferentes modelos de governança em âmbito internacional dependem do contexto no qual as empresas estão inseridas. Cada Estado nacional fixa determinadas regras para a economia e o mercado de capital, dentro das quais determina um maior ou menor grau de proteção de empresas nacionais e investidores, uma maior abertura, entre outros aspectos. Dentro desse quadro, as empresas realizam a construção de sua respectiva governança.

É assim que, no decorrer da história, em determinadas áreas da economia mundial surgiram determinados modelos de governança corporativa. Entre estes, os mais importantes são os modelos anglo-saxão e o nipônico-germânico, sobre os quais são construídos outros modelos, como "uma variação sobre o mesmo tema", em outros tantos espaços econômico-sociais.

No entanto, há que se observar que, sobretudo na atualidade da economia global, com o aumento do volume de trocas comerciais e de informação, cada um desses modelos raramente se encontra em uma forma pura. Ao contrário, eles tendem a se mesclar, observando-se algumas características de ambos os modelos. Vejamos a seguir.

Diferenças entre os modelos anglo-saxão, germânico e japonês

A diferença entre o modelo anglo-saxão, germânico e japonês está diretamente relacionada às estruturas de controle e de propriedade, e à forma de monitoramento utilizada pelos proprietários. A seguir, apresentaremos alguns exemplos.

Governança corporativa anglo-saxônica

As empresas dos Estados Unidos e do Reino Unido se caracterizam por uma maior pulverização do controle acionário, com uma grande separação entre propriedade e gestão da empresa, razão pela qual, nesses países, é menor o estímulo ou a capacidade para que os acionistas venham a intervir nas políticas corporativas estabelecidas pelos gestores. Devido a isso, é comum no mundo empresarial dos Estados Unidos que os controladores possuam maior poder do que os proprietários, com o próprio mercado se constituindo num dos principais agentes controladores da boa governança corporativa. Desse modo, antes mesmo da existência de um Direito Corporativo, há o controle por meio do próprio Direito Comum, o qual apenas posteriormente tornou-se um aparato legal, como é o caso da Lei Sarbanes Oxley (Leal e Camuri, 2008; Marinelli, 2005).

Outra característica do chamado modelo anglo-saxão é o fato de o financiamento das empresas se realizar sobretudo no mercado de capitais, onde o *equity* é a fonte predominante. Após a constituição de regras de boa governança que sucederam escândalos corporativos, o modelo anglo-saxão básico tem-se caracterizado pelo conflito entre acionistas e gestores, embora com uma ampla proteção legal aos acionistas minoritários. É alta a presença de *outsiders* e de investidores institucionais, entre os quais os fundos de pensão, nos conselhos das empresas (Mattedi, 2006).

O caráter pulverizado da composição acionária do modelo anglo-saxão contribui para uma

> extrema superficialidade da relação organização/acionista, pois os investidores não mantêm relações diretas com as empresas, mas apenas endossam ou não suas práticas na compra e venda das ações no mercado de capitais. Isto faz com que as empresas priorizem como objetivo primordial a criação de valor para os acionistas, caso desejem encontrar financiamento para seus projetos de produção e valorização. (Cristaldo, 2008:2)

Com efeito, foi como uma reação ao maior poder e sobretudo ao abuso de poder por parte dos controladores e à ocorrência de alguns escândalos financeiros e administrativos que a governança corporativa tendeu a se desenvolver nesses países. Entre tais escândalos, podem-se mencionar os casos

Enron, Tyco e WorldCom – todos eles referentes a manipulação de dados contábeis, que revelou-se não ser tão incomum em grandes empresas dos Estados Unidos e de diversos países de uma maneira geral.

Foi assim que a Lei Sarbanes Oxley, de 2002, veio, entre outras medidas, aumentar "o grau de responsabilidade desde o presidente e a diretoria da empresa até as auditorias e advogados contratados" (Mateddi, 2006:36), introduzindo

> regras bastante rígidas de governança corporativa, procurando dar maior transparência e confiabilidade aos resultados das empresas, instituindo severas punições contra fraudes empresariais e dando maior independência aos órgãos de auditoria. (Mateddi, 2006:36)

Para que a lei fosse cumprida de um modo eficaz, criou-se a comissão Public Company Accouting Oversight Board (AOB),

> com representação do setor privado, sob supervisão da SEC – Securities and Exchange Commission, com poderes para fiscalizar e regulamentar as atividades das auditorias e punir auditores que violem dispositivos legais. (Mateddi, 2006:36)

Além disso, impuseram-se também limites à "atuação de auditores independentes, não permitindo, por exemplo, que estes prestem serviços de consultoria à empresa que está sendo auditada" (Mateddi, 2006:36).

> O diretor presidente e o diretor financeiro da companhia passarão [...] a apresentar à SEC, juntamente com os relatórios da administração e as demonstrações financeiras periódicas, declarações certificando que tanto os relatórios quanto as demonstrações financeiras estão em conformidade com as normas

da [própria] SEC e [...] que as informações contidas [...] indicam a real condição financeira e os resultados operacionais da empresa. (Mattedi, 2006:37)

Por fim, a nova lei trouxe outras penalidades para crimes como os de alteração ou falsificação de documentos, ampliando a definição do próprio conceito de destruição de documentos (Matteddi, 2006).

A partir de então, passou a haver nas empresas norte-americanas um aumento do número de membros independentes nos conselhos administrativos e no número de demissões de diretores executivos em função de um mau desempenho. Um desses atores sociais que vieram a intervir nesse processo, inicialmente nos Estados Unidos, foram os fundos de pensão, que têm passado a deter uma grande parcela de diferentes empresas no mercado (Leal e Camuri, 2008).

Desses fundos de pensão, um dos mais importantes é o Calpers, que está entre os maiores fundos de pensão do mundo, presente em 1.800 empresas, com U$ 183 bilhões investidos em ações em 2005 e 1,4 milhão de participantes (Andrade e Rossetti, 2004).

Embora os modelos de governança corporativa dos Estados Unidos e do Reino Unido sejam bastante semelhantes, de modo a se apresentarem conjuntamente nos exemplos de modelo de governança nos mais diferentes autores, há de se observar que no Reino Unido o papel do "capital institucional" é um pouco mais acentuado do que nos Estados Unidos (Leal e Camuri, 2008).

Antes da instituição do chamado Comitê Cadbury, as corporações britânicas eram administradas por meio de conselhos dos quais participavam conselheiros que faziam parte de mais de uma empresa. Tais conselheiros cruzavam entre interesses e favores, criando dificuldades para acionistas minoritários e *outsiders*. Na expressão de Lodi (2000:10), "imperava uma rede de velhos companheiros, uma espécie de *old boy network*".

Foi então que, na década de 1980, a Bolsa de Valores de Londres instituiu o Comitê Cadbury, com o objetivo de revisar alguns aspectos da governança corporativa relacionados a práticas de contabilidade e finanças. Divulgado em 1992, o Relatório Cadbury destacou-se pelo seu caráter pioneiro e – do mesmo modo que outros relatórios que o sucederam, tais como o relatório Greenbury, de 1995, o Hampel, de 1998, o Turmbull, de 1999, o Higgs, de 2003 – por ter apresentado um conjunto de novas propostas que revisavam a forma como as corporações britânicas estavam sendo administradas até então.

Conforme observou Rossoni (2009:87), "o Relatório Cadbury marcou o fim da experimentação acerca dos códigos governança e estabeleceu os fundamentos para uma efetiva regulação da governança corporativa".

O Relatório Cadbury foi elaborado

> devido à ausência de confiabilidade nos relatórios financeiros das companhias abertas inglesas, assim como por causa das dificuldades que os auditores tinham em salvaguardar tais relatórios com as informações disponibilizadas pelas companhias empresas. (Rossoni, 2009:88)

Tal relatório também acabou sendo adotado como

> padrão de governança corporativa a ser seguido por editores de códigos dessa natureza (bolsas de valores, governos, associações de conselheiros e executivos, associações de profissionais contábeis e jurídicos e associações de investidores). (Rossoni, 2009:88)

Em 1995, o Comitê Hampel, que teve como objetivo realizar uma revisão do Comitê Cadbury e incorporar alguns dos principais pontos de outro comitê, o chamado Comitê Greenbury, questionou alguns aspectos relativos à responsabilidade do conselho de administração e à remuneração dos gestores e conselheiros (Marinelli, 2005).

Os comitês Cadbury e os que os sucederam confirmaram basicamente: (a) a responsabilidade de conselheiros e executivos na análise e apresentação de informações aos acionistas e outras partes interessadas sobre o desempenho da companhia; (b) a frequência e clareza na forma como as informações deveriam ser prestadas; (c) a regras na constituição de conselhos e no papel dos conselheiros; (d) papel mais ativo na empresa por parte de investidores institucionais (fundos de pensão, fundos de investimentos, entre outros); (e) o fortalecimento dos canais de comunicação entre os acionistas; (f) o envolvimento maior do governo no que diz respeito à legislação (Mattedi, 2006).

O Relatório Cadbury serviu de modelo para uma série de modelos de normas e práticas de governança corporativa em outros países, entre os quais Estados Unidos, Canadá, França e Austrália (Mattedi, 2006).

O mais recente marco de regularização de uma governança corporativa foi o estabelecido pela Organização para a Cooperação e Desenvolvimento Econômico (OCDE), em 1999. De modo semelhante ao Relatório Cadbury e um pouco diferente do modelo anglo-saxão, a governança corporativa no âmbito da OCDE tendeu a dar maior importância à perspectiva institucionalista e, desse modo a outros agentes sociais que não apenas acionistas e controladores (Matteddi, 2006).

Governança corporativa na Alemanha

Os alemães sempre tenderam a considerar o modelo anglo-saxônico de empresa como demasiadamente oportunista e muito preocupado com o curto prazo. Ademais, a tendência das empresas alemãs, ao contrário das empresas anglo-saxônicas, sempre fora de maior concentração da propriedade.

O caráter concentrado do modelo alemão dá-se em função de, nesse modelo, não haver nenhum limite legal para a participação acionária nas empresas, inclusive dos bancos, embora estes últimos dividam com outros acionistas não financeiros a posse de grandes blocos de ações (Leal e Camuri, 2008).

Em alguns casos, o controle de determinadas empresas por bancos deve-se a uma situação de inadimplência de companhias que foram dominadas por aqueles, sobretudo no que diz respeito ao financiamento de longo prazo. Já em outros casos, o controle de algumas empresas por bancos deu-se em função do próprio acúmulo de sua participação acionária. Na realidade, na maior parte dos casos, no modelo alemão, os bancos assumem a posição de intermediários entre credores e empresas (Leal e Camuri, 2008).

Mas além de concentrado, no que diz respeito ao critério de liquidez da participação acionária, o modelo alemão se caracteriza por ter uma pequena parcela das ações em circulação, o que lhe imprime um caráter ainda mais fechado. (Leal e Camuri, 2008).

Para compreender o desenvolvimento do modelo alemão de governança corporativa, devemos considerar o processo de hiperinflação e as duas grandes guerras pelas quais passou a Alemanha quando o país teve um papel peculiar em relação a outros países. Foi em razão desses acontecimentos que, na Alemanha, os bancos tornaram-se tão importantes para as empresas, e os custos sociais tornaram-se elevados (Leal e Camuri, 2008).

O modelo de governança das empresas alemãs se caracterizava, sobretudo, como não transparente. Apenas com o advento da Bolsa de Frankfurt é que as empresas alemãs passaram a adotar maior transparência, quando as empresas passaram a serem listadas de acordo com o estilo norte-americano da Nasdaq.

O sistema de governança alemão possui três características particulares, a saber: (a) apesar da maior concentração acionária, ou por isso mesmo, há um equilíbrio entre os interesses dos *stakeholders* como principal objetivo, ao invés da maximização do lucro; (b) há menor participação do mercado de capital no fornecimento de capital de risco e maior participação do capital bancário de longo prazo; (c) verifica-se a gestão coletiva das empresas (Leal e Camuri, 2008; Andrade e Rossetti, 2004).

Modelo de governança japonês e de demais países asiáticos

O modelo japonês e de demais países asiáticos (Coréia do Sul, Indonésia, Cingapura, entre outros, com exceção da China) de governança corporativa assemelha-se sobremaneira ao modelo alemão, por isso muitos autores procuram juntar esses países no chamado modelo nipo-germânico. Tal como o modelo alemão, o modelo japonês é mais concentrado e voltado para dentro do que o modelo anglo-saxão e, portanto, menos transparente que este. Apesar disso, tal como o modelo alemão, em função de uma tendência geral das empresas na economia global e no desenvolvimento dos mercados de capitais, as empresas japonesas também têm-se deslocado rumo a uma maior transparência (Marinelli, 2005).

No entanto, uma diferença entre o modelo japonês e o alemão é que aquele procura conciliar o equilíbrio dos interesses dos *stakeholders* (característica tipicamente alemã) com a garantia do emprego vitalício para seus funcionários (Marinelli, 2005). Além disso, o modelo japonês também se caracteriza por ter os bancos como principais agentes financiadores das empresas em um grau ainda maior do que o alemão, fenômeno esse que tem diminuído a partir da década de 1990 (Leal e Camuri, 2008).

No modelo japonês há uma presença ainda maior de "bancos na administração do capital, bem como o uso do consenso na gestão entre as empresas com a aceitação dos múltiplos interesses internos em função das solicitações externas" (Leal e Camuri, 2008:68).

Andrade e Rossetti (2004) observam como no modelo japonês "os bancos são os principais financiadores, existindo uma relação duradoura entre os conglomerados com estes". Tal fato se intensificou sobremaneira na década de 1990, em função da crise financeira ocorrida no Japão. Devido a isso, mais do que no modelo alemão, ao qual de resto se assemelha, no modelo japonês, "os bancos proveem orientação financeira, informações e diretrizes estratégicas de negócios", sendo responsáveis pela "definição da estrutura de capital, monitoramento e controle das corporações (Leal e Camuri, 2008:68-69).

Nesse modelo, os processos de gestão

> são baseados em múltiplos interesses, ou seja, partem da existência de compromissos corporativos com muitas partes interessadas no desenvolvimento empresarial bem como nos resultados obtidos por meio das relações internas e externas de suas ações. (Leal e Camuri, 2008:69)

Há casos de empresas com ações em bolsa "que possuem ligações patrimoniais diretas com bancos, seguradoras, fornecedores e clientes". Por outro lado, pode-se observar toda uma "proteção legal aos minoritários" como uma forma de política de "sustentação das relações de longo prazo", sendo que, geralmente, "as participações minoritárias atuam mutuamente para se proteger, uma vez que os acionistas não são os principais agentes", mas toda uma "gestão associada a decisões obtidas por meio de interesses múltiplos" (Leal e Camuri, 2008:69).

Outra característica do modelo japonês é a de ter conselhos administrativos compostos por muitos integrantes, sendo estes todos de origem interna e não externa à empresa (Marinelli, 2005). No entanto, ao contrário do modelo alemão, que costuma apresentar muitos conselhos administrativos, o modelo japonês tende a se apresentar com um único conselho administrativo (Leal e Camuri, 2008).

Outra particularidade do modelo japonês diz respeito à forma específica como se dá a concentração acionária. Esta se realiza de forma horizontal, por meio do chamado *Keiretsus*, como são denominados os conglomerados de negócios no Japão, caracterizados pela posse cruzada de ações. Tal estrutura, como observaram Andrade e Rossetti (2004:356) se caracteriza da seguinte forma:

> Cada uma [i.e. cada empresa] tem uma pequena parcela das demais, que só em poucos casos chega a 5%., mas somando-se todas as participações cruzadas, no mínimo 20% do capital são controlados pelas empresas-membros do *keiretsu*, taxa que pode chegar a 90%, considerando-se assim também as participações cruzadas dos bancos, nas formas exigíveis de longo prazo e ações.

Desse modo, no modelo japonês, propriedade e ação tendem a se apresentar como sobrepostas (Leal e Camuri, 2008). No que diz respeito à constituição dos conselhos, Andrade e Rossetti (2004:364-365) observam que:

> Na França, por exemplo, ainda predomina acumulação dos cargos de presidente do Conselho de Administração e de Presidente Executivo pelo Président Directeur Géènèral (PDG). Os Relatórios Viénot, tão importantes na França quanto os Relatórios dos anos 90 no Reino Unido, sugeriram a separação das funções, a admissão de conselheiros independentes e a constituição de comitês, entre os quais os de remuneração da Diretoria Executiva.

Conforme observaram Leal e Camuri (2008:71), as características do modelo latino europeu não favorecem tanto o desenvolvimento do mercado de capitais.
Veja as diferenças dos sistemas no quadro 8.

Quadro 8
COMPARAÇÃO ENTRE OS MODELOS ANGLO-SAXÃO E NIPO-GERMÂNICO DE GOVERNANÇA CORPORATIVA

Sistema anglo-saxão	Sistemas japonês e germânico
Participação acionária pulverizada (*outsider system*).	Maior concentração acionária (*insider system*).
Estrutura de controle externo – empresas com grande número de acionistas; estruturas de controle diluídas.	Estrutura de controle interno – pequeno grupo de acionistas detém maior parte das ações; estruturas de poder concentradas.
Alta liquidez.	Baixa liquidez.
Criação do valor para os acionistas (*shareholders*).	Busca de equilíbrio entre o direito dos acionistas e outros grupos interessados na empresa (*stakeholders*).
Exigência de nível elevado de transparência.	Nível de transparência pouco acima do legal.
Estrutura de capital – controle por equity. Predominam empresas financiadas por acionistas (capital próprio).	Estrutura de capital – *debt*. Destacam-se empresas financiadas por meio de empréstimos e financiamento de credores.
Mercado de capitais ativo e desenvolvido é responsável pelo monitoramento da administração das empresas.	Mercado de capitais menos líquido e desenvolvido com os investidores institucionais com menor papel ativo.
O principal conflito de interesse ocorre entre administração e acionistas.	O principal conflito acontece entre acionistas controladores e acionistas minoritários.

Fonte: elaborado com base em Victoria (2010).

Uma vantagem dos modelos alemão e japonês é que em função de a propriedade ser mais concentrada e de os bancos se constituírem num dos principais investidores, segue que, em vez do lucro no curto prazo, as empresas desse modelo tendem a se preocupar mais com o longo prazo. Desse modo, as empresas também tendem a adquirir um caráter mais relacionado com o contexto no qual estão inseridas, assumindo, desse modo, uma perspectiva mais institucionalista. Conforme observou Lethbridge (2006:3):

> Na Alemanha, os bancos usam participações acionárias para fortalecer as relações comerciais com clientes. Nesse sistema, em que a liquidez não é priorizada, os acionistas reduzem o seu risco, colhendo as informações necessárias às suas decisões juntos às administrações.

No caso do Japão, a maior parte das ações das empresas cotadas em bolsa compõe a carteira de outras organizações, por meio de um modelo de participações cruzadas, que une os membros mais do que os separa.

Desse modo, ao contrário do modelo anglo-saxão, os modelos alemão e japonês – ou, se quiser, o modelo nipo-germânico – permitem que as empresas sejam orientadas e administradas em favor de interesses tanto dos acionistas quanto com outros atores, entre os quais fornecedores, clientes, colaboradores e comunidade como um todo.

O modelo latino-europeu

O modelo da Itália, que serve de padrão para o modelo latino-europeu de governança corporativa, apresenta-se com certa defasagem de desenvolvimento em relação aos demais modelos e, sobretudo, em relação ao modelo anglo-saxão, motivo pelo qual, em países em que este vigora, tende a ocorrer menor desenvolvimento dos investimentos externos (Marinelli, 2005).

Uma das características desse modelo é o limitado grau de separação entre propriedade e controle, e uma relativa estabilidade dos controladores, de modo a dificultar a presença de um mercado mais agressivo de aquisição (Marinelli, 2005). Além disso, as empresas do chamado modelo latino-europeu caracterizam-se pela união de empresas de grandes grupos familiares com empresas estatais (Leal e Camuri, 2008).

É verdade que o limitado grau de separação entre propriedade e controle tende a reduzir significativamente o número de conflitos. No entanto, por outro lado, tende a aumentar, com ou sem conflito, o nível de expropriação dos minoritários pelos majoritários e controlados (Leal e Camuri, 2008).

Tais características, no entanto, têm se modificado nos últimos anos, observando-se a ocorrência, em número bem menor, de empresas que seguem o modelo em sua forma "pura".

Tal como ocorre nos modelos alemão e japonês, o modelo latino-europeu se caracteriza como concentrado. É assim que, na Itália, em 95% das 500 maiores empresas, o principal acionista, no final dos anos 1990, tinha sob comando mais de 50% do capital da empresa (Leal e Camuri, 2008).

O surgimento da governança corporativa na Itália, país que serve de padrão para o modelo latino, deu-se quando da aquisição da Telecom Itália pela Olivetti junto com o surgimento do chamado Comitê Draghi. A partir de então, embora o modelo latino tenha continuado a existir em muitos países, as empresas italianas passaram cada vez mais a se aproximar do modelo anglo-saxão de governança corporativa (Marinelli, 2005).

Da análise acima, pode-se observar que não há um modelo único de governança corporativa. Embora possam ser verificados elementos comuns, que baseiam as melhores práticas, os princípios de governança são evolutivos, podendo e devendo ser revistos sempre que necessário, na medida em que ocorram mudanças tanto nas corporações quanto no contexto no qual estão inseridas, inclusive na sociedade como um todo.

Considerando o caráter evolutivo dos princípios de governança e a necessidade de criarmos um paralelo entre as práticas globais e o desenvolvimento das atividades no Brasil, na próxima seção vamos entender a evolução dos modelos de governança no Brasil a partir de uma perspectiva histórica e de uma codificação das características das empresas de capital aberto no país.

Governança corporativa no Brasil

As empresas brasileiras possuem uma origem e um desenvolvimento eminentemente familiar. Tendo surgido, em sua maioria, no início do século XX, inicialmente as empresas brasileiras tendiam a possuir uma estrutura de capital pouco alavancada, sendo a maior parte delas administradas por seus proprietários. Sobre isso, conforme o contexto histórico em que se desenvolvem as empresas brasileiras, mormente as empresas de capital aberto, em que o controle é concentrado em poucos donos – não raro vinculados por laços familiares –, ainda se mantinha a tendência de resistência à abertura de capital das empresas e, como consequência, uma preocupação menor com a geração e divulgação de informações empresariais necessárias à captação de recursos financeiros (crédito bancário e privado).

No entanto, com o crescimento das empresas e a expansão dos negócios, surgiu a necessidade de crédito e de uma estrutura de capital que propiciasse um aumento da escala de produção. Diante disso, cada vez mais as empresas passaram a abrir seu capital, mas o desenvolvimento do mercado de capitais ainda continuou a se apresentar muito incipiente.

Foi a partir da década de 1960 que o mercado de capitais sofreu uma remodelação. Até 1967, a oferta de recursos de longo prazo para o setor privado era muito limitada. No entanto, a partir desse ano, o governo passou a realizar uma canalização de investidores institucionais para o mercado acionário, mais particularmente por meio dos chamados "fundos 157" (carteira composta basicamente de ações e debêntures), com o propósito de financiar capital de giro de companhias abertas e desenvolver o mercado de capitais. Por meio desse mecanismo, os contribuintes individuais e empresas podiam deduzir uma parcela do imposto de renda devido para utilizá-la na compra de certificado de ações mantidos por fundos de investidores, não podendo, no entanto, ser resgatados antes de cinco anos (Lago, 1989).

Tal reformulação do mercado de capitais, combinada com o crescimento econômico do período do chamado "milagre econômico" (1967-1973) iria acarretar um aumento do investimento e da lucratividade das empresas. Houve, inclusive, maior demanda por fundos de ações diante de uma oferta limitada de títulos públicos, o que levou a um forte aumento do preço das ações, "culminando num *boom* especulativo seguido de um traumático processo de reajuste em 1971" (Lago, 1989:245).

A partir de 1971, o mercado de ações deixaria de exercer a mesma atração sobre os investidores, não se tornando um instrumento eficaz para a capitalização das empresas (Lago, 1989), até porque, nesse período, as empresas brasileiras não seguiam a prática de uma boa governança.

Desde 1940, havia uma regulação para as sociedades anônimas (Decreto-Lei nº 2.627), mas apenas em 1976 foi criada a Comissão de Valores Mobiliários (CVM) e promulgada a Lei das Sociedades por Ações ou Lei das S/A (Lei nº 6.604). Quanto à elaboração de um código de boas práticas de governança, deu-se apenas em 1999, pelo Instituto Brasileiro de Governança Corporativa (IBGC), associação sem fins lucrativos criada especialmente para divulgar a governança corporativa.

Mais tarde, a própria Comissão de Valores Mobiliários, órgão de regulamentação do mercado de ações brasileiro, viria a editar sua própria cartilha de boas práticas de governança corporativa para empresas de capital aberto.

Com o processo de globalização e a maior inserção da economia brasileira na economia internacional, houve todo um processo de readequação da economia brasileira, que teve como base uma reestruturação da dívida externa do país e, posteriormente, a adoção de um plano de estabilização monetária, o chamado Plano Real (1995), depois de uma série de outros planos frustrados.

Paralelo a isso, houve um processo de privatização e um movimento de fusões e aquisições a partir da década de 1990 e as empresas passaram a tornar sua administração cada vez mais profissional, com maior separação entre propriedade e controle, bem como com maior desenvolvimento do mercado de capitais. Em função disso, as empresas passaram, cada vez mais, a ter de se orientar por meio da governança corporativa.

Em 1997, a legislação societária brasileira também foi utilizada como instrumento institucional de política econômica, segundo Srour (2005:642), "descaracterizando, assim, o seu papel de guardiã incondicional dos direitos dos investidores externos da firma". Foi assim que, em função do processo de privatização em alguns setores considerados estratégicos, a Lei nº 9.457, de 1997, denominada Lei Kandir, suprimiu direitos fundamentais dos acionistas da firma. Desse modo, foram extintos o direito de recesso (que dava opção ao acionista minoritário de se retirar da firma quando prejudicado por decisões da maioria dos acionistas) nos casos de cisão, fusão e incorporação, bem como a necessidade de oferta pública em caso de alienação de controle (Srour, 2005).

No entanto, em 1999, a CVM editou a Instrução nº 299, cujo objetivo foi o de "desfazer algumas regras prejudiciais da Lei Kandir" (Srour, 2005:644).

Foi a partir da década de 1990, leitor, que as empresas brasileiras passaram a listar suas ações nas bolsas americanas, tendo que, por isso, se adaptar às regras da SEC, órgão regulador do mercado de ações nos Estados Unidos. Entre as exigências da SEC incluem-se aspectos contábeis, necessidade de transparência e divulgação de informações – característicos da governança corporativa.

Em 1999, o IBGC produziu, junto com a Bolsa de Valores de São Paulo (Bovespa) o primeiro Código Brasileiro de Governança.

Entre as principais iniciativas institucionais e governamentais para se assegurar uma melhoria na governança corporativa nas empresas brasileiras estão: (a) a aprovação da Lei nº 10.303/2001; (b) criação do novo mercado e dos níveis um e dois de governança corporativa pela Bovespa, inspirado na ideia do *neuer Markt* alemão; e (c) novas regras de definição de limites de aplicação de recursos dos fundos de pensão (Garcia, 2005).

No final da década de 1990, o mercado de ações brasileiro passava por uma verdadeira crise. Com efeito, o número de empresas listadas no Bovespa tinha caído de 550 em 1996 para 440 em 2001 e o volume de negócios, depois de atingir o pico de US$ 191 bilhões em 1997 caíra para US$ 101 bilhões em 2000 e US$ 65 bilhões em 2001 (Garcia, 2005).

Foi para tentar dar uma solução a essa crise que a Bovespa criou o chamado "novo mercado", um segmento especial de listagem de ações de empresas que se comprometem a adotar a prática da boa governança. Tal prática fora adotada de modo gradual. Dessa forma, foram criados dois estágios os níveis I e II de acordo com o grau de adoção da prática da boa governança.

É importante dizer que a ideia da criação do chamado "novo mercado" foi fundada na constatação de que a fragilidade do mercado de capitais brasileiro era decorrente, em grande parte, da falta de proteção aos acionistas minoritários.

Destarte, para que uma empresa pudesse fazer parte do chamado "novo mercado", deveria seguir as seguintes regras:

- a realização de ofertas públicas [...] de ações por meio de mecanismos que favoreçam a dispersão do capital;
- manutenção em circulação de uma parcela mínima de ações representando 25% do capital;
- extensão para todos os acionistas das mesmas condições obtidas pelos controladores quando da venda do controle da companhia;
- conselho de administração com um mínimo de cinco membros e mandato unificado de um ano;
- disponibilização de balanço anual seguindo os princípios de contabilidade [...] [estabelecidos pela Financial Accouting Standards Board (Fasb) dos Estados Unidos];
- introdução de melhorias nas informações prestadas trimestralmente, entre as quais as exigências de consolidação e de revisão especial;
- obrigatoriedade de realização de uma oferta de compra de todas as ações em circulação, pelo valor econômico, nas hipóteses de fechamento do capital ou cancelamento do registro de negociação no mercado;
- prestação de informações sobre negociações envolvendo ativos e derivativos de emissão da empresa por parte de acionistas controladores ou administradores da empresa;
- apresentação das demonstrações de fluxo de caixa;
- adesão à Câmara de Arbitragem do Mercado para a resolução de conflitos societários. (Garcia, 2005:26-27)

A iniciativa de criação desse "novo mercado" como um mercado paralelo ao mercado tradicional talvez tenha se realizado em função das peculiaridades do mercado brasileiro e também em função do contexto institucional pouco propício para o desenvolvimento do mercado de capitais (Rossoni, 2009).

Conforme observou Rossoni (2009:90), a principal inovação do chamado novo mercado na prática da governança corporativa, particularmente em relação à legislação, foi "a exigência para que o capital social da empresa fosse composto somente de ações ordinárias (ações com direito a voto)". Além disso, nesse mercado, as empresas tiveram de

> estender para todos os acionistas as mesmas condições obtidas pelos controladores quando da venda do controle da companhia (*tag along*), realizar oferta pública de aquisição de todas as ações em circulação, no mínimo, pelo valor econômico, no caso de fechamento do capital, ter no mínimo 5 conselheiros, com mandato unificado, sendo que 20% devem ser independentes. (Rossoni, 2009:90)

O chamado "novo mercado" teve sua importância reconhecida, com uma crescente adesão das mais diferentes empresas às suas respectivas regras. A grande maioria das distribuições primárias de ações realizadas em 2004, e todas as *initial public offering* (IPOs ou oferta iniciais) foram realizadas por companhias que cujas ações estavam listadas em um dos níveis diferenciados de governança corporativa da Bovespa e, sobretudo, no nível dois (Garcia, 2005).

Esse movimento de adesão das empresas à prática de uma governança corporativa e, mais particularmente, de uma boa governança, foi liderado por grandes investidores institucionais, sobretudo os chamados fundos de pensão e os administradores de fundos de investimento (Garcia, 2005).

Essa participação de fundos de pensão e fundos de investimento em geral nas empresas e a prática de governança corporativa tornaram-se exigência mundial. Isso porque, ao contrário do pequeno investidor, que possui uma pequena participação no capital das empresas, o qual não justifica o efetivo exercício do direito a voto – situação conhecida como *free rider* –, as grandes participações acionárias (como as dos fundos de pensão e de investimentos em geral) tornam necessária a prática de monitoração da gestão das empresas por meio da governança corporativa, dado o montante dos capitais envolvidos.

Com efeito, o trabalho de acompanhamento e monitoramento da administração das empresas e o efetivo exercício do direito ao voto nas assembleias, discutindo e votando propostas, implica custos que dificilmente poderiam ser suportadas por acionistas individuais (Garcia, 2005).

Numa análise empírica, Rossoni observou cerca de 442 organizações entre os anos de 2002 e 2007. Dessa análise, ele verificou que "houve um crescimento significativo na adesão aos mercados com práticas de governança diferenciada, principalmente ao Novo Mercado" (Rossoni (2009:11). O autor observou que esse crescimento do novo mercado acompanhou o crescimento da própria bolsa em termos de número de empresas listadas, muitas delas abrindo seu capital já com o nível máximo de governança. Rossoni (2009:178) observou que:

> as organizações, principalmente aquelas iniciantes no mercado acionário, têm optado por aderir aos mercados diferenciados porque, diante da ausência de legitimação de suas ações perante os investidores, uma alternativa para aumentar a sua aceitação é por meio da adesão nos níveis diferenciados de governança, já que esses funcionam como mitos legitimadores (Meyer e Rowan, 1977). Assim, além do aspecto ligado à eficiência da gestão corporativa, organizações buscam se legitimar perante sua audiência adotando práticas de governança (Fiss, 2008; Roe, 2005) diante da crença disseminada que maiores níveis de governança garantem maior transparência, respeito aos acionistas e gestão independente do conselho. (Bertucci, Bernardes e Brandão, 2006)

O estudo Rossoni (2009:184) demonstrou que é fundamental que as empresas e seus gestores repensem a organização "para além de sua função econômica, cujo objetivo nas empresas de capital aberto é a maximização do investimento do acionista".

O autor observou que, ao procurarem uma legitimação para além do lucro, tais empresas acabam por alcançar um lucro ainda maior no longo prazo, sendo favorecidas pela dimensão social da legitimidade.

Desse modo, Rossoni (2009) demonstra como não existe uma contradição entre buscar se legitimar e o papel da organização na sociedade, com seu objetivo de gerar riqueza. Ao contrário, tais objetivos mais se complementam do que se excluem, de modo que ambos devem ser considerados em uma política corporativa.

O modelo de governança corporativa brasileiro tem apresentado as seguintes características:

> estrutura de propriedade com forte concentração das ações com direito a voto (ordinárias) e alto índice de emissão de ações sem direito a voto (preferenciais); empresas com controle familiar ou compartilhado por alguns poucos investidores alinhados por meio de acordo de acionistas para resolução de questões relevantes; presença de acionistas minoritários pouco ativos; alta sobreposição entre propriedade e gestão [controle] [...]; pouca clareza na divisão dos papéis entre conselho e diretoria [...]; escassez de conselheiros profissionais no conselho de administração; estrutura informal do Conselho de Administração com ausência de comitês para o tratamento de questões específicas. (Marinelli, 2005:62)

A alta concentração da propriedade e do controle das empresas, combinada com uma baixa proteção legal, tem sido um dos principais motivos de conflito de agência no Brasil.

Devido a ser um mercado com estrutura de propriedade concentrada, no Brasil foram criadas as chamadas ações ordinárias e as ações preferenciais justamente para equilibrar a relação entre acionistas majoritários e minoritários.

O estudo realizado por Wiliam Grava, do Ibre/FGV, e mencionado por Garcia (2005:19), em que foi medido

> o grau de concentração de capital nas empresas brasileiras através de levantamento com 1.004 companhias abertas, revelou que 904 delas (90% do total) possuem apenas um controlador [...] em 61% das empresas, o grupo controlador detém mais de 90% das ações ordinárias.

No *ranking* do grau de boa governança com 212 países, realizado pelo Banco Mundial em 2007 e mencionado por Rossetti (2010:19), fundamentado em aspectos como "liberdade de voz e voto", "poder da opinião pública", "prestação de contas à sociedade", "estabilidade política e das instituições", "efetividade do governo", "qualidade do ambiente regulatório", "aplicação efetiva das leis" e "controle da corrupção" o Brasil apresenta o índice de 49,5 pontos, pouco mais alto que a média dos países da América Latina, que é de 42,7 pontos, e muito inferior ao dos países da OCDE – 88,9 pontos.

A partir da próxima seção podemos discutir as principais tendência da governança corporativa e suas aplicabilidades no atual cenário corporativo brasileiro, visando adaptar-se a esta nova realidade.

As principais tendências da governança corporativa (enquadramento conceitual: as quatro tendências)

Segundo Rossetti (2010:16), existem quatro tendências da governança corporativa na atualidade, quais sejam: convergência, adesão, diferenciação e abrangência, que irão influir na forma como serão conduzidas as empresas no século 21 quanto à estrutura e ao exercício do poder, às relações internas e externas, à definição da estratégia corporativa, à harmonização dos interesses privados em jogo em suas operações e à conciliação do máximo retorno total dos seus proprietários com as exigências de sua inserção no esforço global por maior e mais rápida inclusão socioeconômica e dilatação dos mercados básicos em todas as partes do mundo.

Embora Rossetti (2010) não especifique conceitualmente essas tendências, pode-se inferir, a partir do que já se conhece acerca da história da governança corporativa nas empresas, no que consistiria cada uma delas. A tendência à convergência dá-se no sentido de se buscar uma aproximação de interesses entre os diferentes atores no âmbito das empresas, de modo a dirimir os diferentes tipos de conflito de agência.

Quanto à tendência à adesão, podemos considerá-la uma tendência à inclusão, por exemplo, dos acionistas minoritários ou até mesmo de novos acionistas. Já a tendência à diferenciação pode ser considerada – apesar da convergência de interesses – a aceitação da diferença de posições, opiniões, capital, entre outras, e até mesmo de interesses.

Já é consenso a consideração de que a boa governança corporativa tem impactos extremamente positivos para as organizações, sejam elas empresas privadas ou não. Com efeito, o consenso de que a boa governança consiste em um valor positivo para as empresas e organizações em geral é de tal dimensão que outra tendência se apresenta no século XXI: "a de transposição dos conceitos de governança corporativa para outros sistemas, como o terceiro setor e o Estado" (Rossetti, 2010:16).

No caso da transposição da governança corporativa para a gestão estatal, os políticos e governantes, de uma maneira geral, podem ser comparados aos controladores da organização em questão – no caso, o Estado – e os cidadãos contribuintes, comparados aos respectivos acionistas.

Nesse sentido, um problema que se apresenta é o alto grau de dispersão da propriedade, ou direito a bens e serviços, dos cidadãos em relação ao Estado, e o difícil controle dos políticos por aqueles. Sem mencionar o que é deveras importante o fato de que os diferentes acionistas/cidadãos também se encontram divididos não apenas em acionistas/contribuintes majoritários e minoritários, em diferentes graus, mas também em diferentes interesses outros, econômicos e não econômicos.

Outro problema que se apresenta, conforme observou Rossetti (2010:17), é que estão

> os gestores públicos interessados em elevar seus próprios benefícios, o que implica pressões por aumento nos dispêndios de custeio, comprimindo a poupança do governo e os orçamentos de investimento [tanto quanto os gestores privados].

Ocorre que, no caso das empresas, exceto em alguns casos de fraude e corrupção, dos quais as empresas privadas não estão totalmente a salvo, o interesse dos gestores está muito mais próximo do interesse da empresa como um todo e, desse modo, do interesse dos acionistas, sejam majoritários ou minoritários. Já no caso do Estado, tanto há divergência no interesse dos gestores/controladores em relação ao interesse público (dos cidadãos/acionistas) quanto o próprio interesse destes últimos é muito diverso.

No entanto, é difícil, leitor, não concordar com Rossetti (2010:18) quando afirma que a governança é mais importante do que a governabilidade, em função de esta se constituir em "uma conquista circunstancial, e efêmera do poder estabelecido" e a governança ser "uma conquista da sociedade, estrutural e duradoura".

Dado o caráter dos problemas da sociedade, entre os quais o problema do meio ambiente, a questão da pobreza e da desigualdade, mesmo em meio à maior produção de riqueza, para não falar da crise da própria economia ou da própria ordem mundial, acreditamos que uma das outras tendências da governança corporativa no futuro seja a adoção de uma perspectiva institucionalista. Nesse sentido, assim como alguns dos valores da governança corporativa e da própria democracia passaram a ser utilizados não apenas pelas empresas mas também pelos Estados, as empresas igualmente deverão introjetar em suas práticas a preocupação com interesses outros que não apenas dos acionistas e dos controladores. Isso porque tudo o que a empresa realizar estará cada vez mais implicado não apenas com ela própria, mas com todos aqueles que estão no mesmo ambiente de negócio, isto é, credores, fornecedores, diferentes tipos de clientes, entre os quais os consumidores e também a sociedade como um todo.

Ademais, dado o caráter cada vez mais internacionalizado tanto da economia quanto da sociedade, as decisões de Estados e de empresas possuem implicações não apenas nacionais ou regionais, mas globais. Talvez seja o caso de se adotar um modelo de governança corporativa não apenas nacional, mas internacional. Não vem ao caso, nesse momento, dizer se tal modelo seria o anglo-saxão ou o nipo-gernânico, uma síntese desses dois modelos ou algum outro padrão. O que importa é, considerando o caráter dinâmico da economia, das relações sociais e da governança corporativa, que o modelo adotado internacionalmente, seja conveniente à comunidade global e a todos os agentes envolvidos no processo de produção, tanto da economia quanto da sociedade. Mas isso não depende apenas de uma vontade, depende de um processo evolutivo e de que o próprio desenvolvimento da economia global venha a exigir esse tipo de governança. De qualquer modo, independentemente da vontade deste ou daquele grupo, Estado ou empresa, acreditamos que a sociedade tende a caminhar nesse sentido. Sentido esse que está cheio de possibilidades.

Foram abordadas, neste capítulo, as bases históricas, teóricas e práticas do que vem a ser a governança corporativa. Assim, o leitor pode participar ativamente da reflexão sobre os benefícios quando da adoção de tais práticas (governança).

Fica evidente a valorização dos papéis (ações) das empresas que adotaram tais práticas, sendo que, para alguns autores, numa visão expandida, uma "boa governança" pode, a médio e a longo prazo, ser melhor para os resultados corporativos do que propriamente os resultados financeiros.

Importante salientar o salto qualitativo das empresas que passaram a adotar a governança, e, a partir de exemplos apresentados neste capítulo, a codificação de tais práticas nos leva a pensar na adoção do modelo como viés estratégico das empresas e organizações empresariais.

Visando uma perspectiva ainda mais abrangente, discutimos as tendências da governança neste ambiente complexo e turbulento do início de século, partindo para novas visões e abordagens deste comprovado modelo de gestão corporativa.

Conclusão

Os desafios do hoje são seguramente muito maiores do que qualquer desafio pretérito da sociedade humana. O nosso estágio atual de desenvolvimento nos coloca em uma posição divisora de eras. Aquecimento global, poluição, problemas de distribuição de renda, elevados níveis de miséria e de fome, entre outros indicadores macroeconômicos, compõem cenários que exigem mudanças, e mudanças clamam por líderes. Lideranças, sejam elas governamentais, institucionais, comunitárias ou empresariais, têm por dever de ofício mirar o futuro. O futuro é, sem dúvida, a matéria-prima da sustentabilidade.

A gestão sustentável é estratégica porque trabalha com essa matéria-prima, com esse futuro. Zela por ele monitorando os riscos do presente. Não riscos de incêndio ou de roubo, mas riscos de máculas nos relacionamentos com os públicos que, de algum modo, afetam ou são afetados pelas organizações. Esse cuidado com o futuro, que tira o gestor da dimensão do curto prazo operacional e o carrega para o longo prazo estratégico, transmite segurança aos investidores e aos demais *stakeholders*. Investidores seguros de que seu capital está mais protegido de passivos de ordem trabalhista, ambiental, fiscal, entre outros, estão sempre dispostos a pagar mais por essa segurança, valorizando a empresa.

Tal geração de valor é produzida na redução de passivos intangíveis e creditada nas contas dos ativos intangíveis, seja nas rubricas de reputação, de capital intelectual, de fidelidade do consumidor, de valor da marca e outras que expressam o grau de qualidade das relações da empresa com seus *stakeholders*. Quanto maior esse grau, maior a segurança dos acionistas/cotistas. Simples.

Essa dinâmica é tecnicamente simples porém, só terá chances de se sustentar ao longo do tempo em um ambiente regido por valores éticos. É nesse ambiente que a governança corporativa, por meio de seus princípios e de sua arquitetura orgânica, se instala e abriga os líderes estratégicos de que o mundo precisa. É nesse ambiente que se desenham novos modelos de negócios. É nesse ambiente que se encaram os reais desafios da nossa sociedade. Enfim, é nesse ambiente que daremos nossas respostas. Nossas respostas ao futuro.

Referências

AGUILAR, Francis J. A ética nas empresas: maximizando resultados através de uma conduta ética nos negócios. Rio de Janeiro: Jorge Zahar, 1996.

ALBUQUERQUE FILHO, J. B.; SILVA, C. L. Machado da. Práticas organizacionais e estrutura de relações no campo do desenvolvimento metropolitano. Revista de Administração Contemporânea, Rio de Janeiro, v. 13, n. 4, p. 626-646, out./dez. 2009.

ALIGLERI, Lilian; ALIGLERI, Luiz Antonio; KRUGLIANSKAS, Isak. Gestão socioambiental. São Paulo: Atlas, 2009.

ALMEIDA, Fernando. O bom negócio da sustentabilidade. Rio de Janeiro: Nova Fronteira, 2002.

ALONSO, F. R.; LÓPEZ, F. G.; CASTRUCCI, P. L. Curso de ética em administração. São Paulo: Atlas, 2006.

ALVES, Lauro Eduardo Soutello. Governança e cidadania empresarial. Revista de Administração de Empresas, São Paulo, v. 41, n. 4. p. 78-86, out./dez. 2001.

ANDRADE, Adriana; ROSSETTI, José Paschoal. Governança corporativa: fundamentos, desenvolvimento e tendências. São Paulo: Atlas, 2004.

ASHLEY, Patrícia. Ética e responsabilidade social nos negócios. Rio de Janeiro: Saraiva, 2007.

ASSOCIAÇÃO BRASILEIRA DE NORMAS TÉCNICAS. *NBR ISO-14000*: Família de normas ISO-14000. Rio de Janeiro: ABNT, 1996.

_____. *NBR 16001*: Responsabilidade social: Sistema de gestão: requisitos. Rio de Janeiro ABNT, 2004.

_____. *NBR ISSO-31000*: Gestão de riscos: princípios e diretrizes. Rio de Janeiro: ABNT, 2008.

_____. *NBR ISSO-26000*: Diretrizes sobre responsabilidade social. Rio de Janeiro: ABNT, 2010.

BARBOSA, Lívia. *Igualdade e meritocracia*: a ética do desempenho nas sociedades modernas. Rio de Janeiro: FGV, 2006.

BERLE, Adolf Augustus; MEANS, Gardiner Coit. *A moderna sociedade anônima e a propriedade privada*. São Paulo: Abril Cultural, 1984.

BLAIR, M. M. Owership and Control: Rethinking Corporate Governance for the Twenty-First Century. Washington, D.C.: Brookings Institute, 1995.

BRAGA, R. P. Demonstrações contábeis e aspectos da contabilidade ambiental: um estudo de caso. In: CONVENÇÃO DE CONTABILISTAS DE MINAS GERAIS, 3., Belo Horizonte. *Anais...* Belo Horizonte, 2001.

BRASIL. Lei nº 6.404, de 15 de dezembro de 1976. Dispõe sobre as sociedades por ações. *Diário Oficial da União*, Poder Executivo, Brasília, DF, 17 dez. 1976. Disponível em: <www.planalto.gov.br/ccivil_03/Leis/L6404compilada.htm>. Acesso em: jan. 2011.

CALAME, Pierre; TALMANT, André. *Questão do Estado no coração do futuro*: o mecanismo da governança corporativa. Petrópolis: Vozes, 2001.

CAMPOS, Elisa. PanAmericano: muito bônus e pouco pica-pau. *Época negócios*, 11 nov. 2010. Disponível em: <http://colunas.epocanegocios.globo.com/financasdebolso/2010/11/11/panamericano-muito-bonus-e-pouco-pica-pau>. Acesso em: 13 dez. 2010.

CAPRA, Fritjof. *Sabedoria incomum*. São Paulo: Cultrix, 1998.

CARROLL, Archie. In Search of the Moral Manager. *Business Horizons*, p. 7-15, Mar./Apr. 1987.

CERDA, Alvaro Clarke de la. Tender offers, Takeovers and Corporate Governance. In: The Latin American Corporate Governance Roundtable, 26-28 April, 2000, São Paulo. *Proceedings...* São Paulo: The São Paulo Stock Exchange, 2000. Disponível em: <www.oecd.org/daf/corporateaffairs/corporategovernanceprinciples/1922420.pdf>. Acesso em: nov. 2012.

COASE, R. The Nature of the Firm. In: WILLIAMSON, O.; WINTER, S. (Ed.). *The Nature of the Firm*: Origins, Evaluations and Development. Oxford: Oxford University Press, 1993.

COMISSÃO MUNDIAL SOBRE MEIO AMBIENTE E DESENVOLVIMENTO (CMMAD). *Nosso futuro comum*. 2. ed. Rio de Janeiro: FGV, 1991. p. 77.

COMPÊNDIO para a sustentabilidade: ferramentas de gestão e responsabilidade socioambiental. São Paulo: Antakarana Cultura Arte e Ciência, 2007. 2008. Disponível em: <http://www.compendiosustentabilidade.com.br>. Acesso em: nov. 2011.

CONFERÊNCIA DAS NAÇÕES UNIDAS SOBRE MEIO AMBIENTE E DESENVOLVIMENTO, 1992, Rio de Janeiro. *Agenda 21*. Brasília: Senado Federal, Subsecretaria de Edições Técnicas, 1996.

CORTINA, Adela. *Ética de la empresa*: claves para uma nueva cultura empresarial. Madrid: Trotta, 2005a.

_____. *Ética*. São Paulo: Loyola, 2005b.

COUTINHO, Carlos Nelson. *A democracia como um valor universal*. Rio de Janeiro: Civilização Brasileira, 1980.

CRISTALDO, Rômulo. Para uma crítica da prática de governança corporativa: administração crítica. *WordPress*, nov. 2008. Disponível em: <http://admcritica.wordpress.com/2008/11/20/para-uma-critica-da-pratica-de-governanca-corporativa/>. Acesso em: nov. 2011.

DAINEZE, Marina do Amaral. Códigos de ética empresarial e as relações com seus públicos. In: INSTITUTO ETHOS. *Responsabilidade social das empresas*: a contribuição das universidades. 3. ed. São Paulo: Peirópolis, 2004. v. 3.

DENNY, Ercílio A. *Ética e sociedade*. Capivari: Opinião E, 2001.

DIAS JÚNIOR, José Augusto. *Os contos e os vigários*: uma história da trapaça no Brasil. São Paulo: Texto, 2010.

ELKINGTON, John. *Cannibals With Forks*: the Triple Bottom Line of 21st Century Business. Oxford: Capstone, 1997.

ENNES, Juliana. CVM multa ex-conselheiros da Sadia em R$ 2,6 milhões. *Valor Econômico*, São Paulo, p. 43, 15 dez. 2010. Caderno Investimentos.

FERRAZ, Eduardo. *Por que a gente é do jeito que a gente é?* São Paulo: Gente, 2010.

FERREIRA, Angela Abdo Campos. *Governança corporativa e os impactos na gestão hospitalar e nos arranjos contratuais*: um estudo de caso numa S/A hospitalar capixaba. 2006. 86 f. Dissertação (Mestrado em Contabilidade) – Fundação Instituto Capixaba de Pesquisas em Contabilidade, Economia e Finanças, Vitória, ES, 2006. Disponível em: <nov. <www.fucape.br/simposio/5/PDF/Dissertacao%20Angela%20Abdo.pdf>. Acesso em: nov. 2011.

FERREIRA, Rodrigo Eustáquio. Considerações jurídicas sobre a governança corporativa. *JusNavigandi*, Teresina, jul. 2008. Disponível em: <http://jus.com.br/revista/texto/12644/consideracoes-juridicas-sobre-a-governanca-corporativa>. Acesso em: nov. 2011.

FERREL, O. C. *Ética empresarial*: dilemas, tomadas de decisões e casos. Rio de Janeiro: Reichmann & Affonso, 2001.

FLIGSTEIN, N.; FRELAND, R. Theoretical and Comparactive Perspectives on Corporate Organization. *Annual Review of Sociology*, v. 21. p. 21-43, 1995.

FREEMAN, R. Edward. *Strategic Management*: a Stakeholder Approach. Boston: Pitman, 1984.

_____; REED, David L. Stockholders and Stakeholders: a New Perspective on Corporate Governance. *California Management Review*, v. XXV, n. 3, p. 91, 1983.

FUKUYAMA, Francis. *Confiança*: as virtudes sociais e a criação da prosperidade. Rio de Janeiro: Rocco, 1999.

GALBRAITH, John Kenneth. *O novo Estado industrial*. São Paulo: Nova Abril Cultural, 1985.

GARCIA, Félix Arthur. *Governança corporativa*. 2005. 41 f. Monografia (Graduação em Economia) – Instituto de Economia, Universidade Federal do Rio de Janeiro, Rio de Janeiro, 2005. Disponível em: <www.cvm.gov.br/port/public/publ/ie_ufrj_cvm/Felix%20_Arthur_C_Azevedo_Garcia.pdf>. Acesso em: out. 2011.

GEISLER, Norman. *Ética cristã*. São Paulo: Vida Nova, 1984.

GENE, Ahner. *Ética nos negócios*. São Paulo: Paulinas, 2009.

GUERREIRO, Reinaldo; CATELLI, Amando (Coord.). *Controladoria*: uma abordagem da gestão econômica. São Paulo: Atlas, 1999.

HENDRIKSEN, Eldon S.; VAN BREDA, Michael F. *Teoria da contabilidade*. São Paulo: Atlas, 1999.

HENRIQUES Diana B.; BAKER, Al. A Madoff Son Hangs Himself on Father's Arrest Anniversary. *The New York Times*, Nova York, 11 Dec. 2010. Disponível em: <www.nytimes.com/2010/12/12/business/12madoff.html?_r=0>. Acesso em: 13 dez. 2010.

INSTITUTO BRASILEIRO DE GOVERNANÇA CORPORATIVA (IBGC). *Código das melhores práticas de governança corporativa*. 4. ed., 1 reimp. São Paulo: IBGC, 2010.

INSTITUTO ETHOS DE EMPRESAS E RESPONSABILIDADE SOCIAL. *O que é RSE?* São Paulo: Instituto Ethos, 2012. Disponível em: <www1.ethos.org.br/EthosWeb/pt/29/o_que_e_rse/o_que_e_rse.aspx>. Acesso em: set. 2012.

INSTITUTO OBSERVATÓRIO SOCIAL (IOS). *Responsabilidade social e empresarial*: perspectivas para ação sindical. Florianópolis: IOS, 2004.

INTERNATIONAL ORGANIZATION FOR STANDARDIZATION (ISO). *ISO-26000*: Social Responsability. Genebra: ISO, 2009a. Disponível em: <http://youtu.be/kYV5ZYdx2L4>. Acesso em: 21 set. 2012. Promotional video.

_____. *ISSO-31000*: Risk Management: Principles and Guidelines. Genebra: ISO, 2009b.

IUDÍCIBUS, Sérgio de. *Contribuição à teoria dos ajustamentos contábeis*. 1966. 123 f. Tese (Doutorado) – Faculdade de Economia, Administração e Contabilidade, Universidade de São Paulo, São Paulo, 1966.

JENSEN, Michael. *A Theory of the Firm*: Governance, Rresidual Claims and Organizational Forms. Harvard: Harvard University Press, 2001.

JOHNSON & JOHNSON. *Nosso credo*. São José dos Campos, SP: J&J: 2006. Disponível em: <www.jnjbrasil.com.br/carreira/nossocredo>. Acesso em: nov. 2012.

KARKOTLI, Gilson; ARAGÃO, Sueli Duarte. *Responsabilidade social*: uma contribuição à gestão transformadora das organizações. Petrópolis: Vozes, 2004.

KAYO, E. K. *A estrutura de capital e o risco das empresas tangível e intangível-intensivas*: uma contribuição ao estudo da valoração de empresas. 2002. 110 f. Tese (Doutorado em Administração) – Faculdade de Economia, Administração e Contabilidade, Universidade de São Paulo, são Paulo, 2002. Disponível em: <www.teses.usp.br/teses/disponiveis/12/12139/tde-05032003-194338/pt-br.php>. Acesso em: out. 2011.

KRAEMER, Maria Elisabeth Pereira. *Responsabilidade social*: uma alavanca para sustentabilidade. Curitiba: Ambiente Brasil, 2005.

KRUGMAN, Paul. *A crise de 2008 e o retorno da depressão econômica*. Rio de Janeiro: Campus, 2009.

LAGO, Luiz Aranha Corrêa. A retomada do crescimento e as distorções do "milagre": 1967-1973. In: ABREU, Marcelo Paiva (Org.). *A ordem do progresso*. Rio de Janeiro: Campus, 1989. p. 233-294.

LALANDE, André. *Vocabulário técnico e crítico da filosofia*. 2. ed. São Paulo: Martins Fontes, 1996.

LAVILLE, Elizabeth. *A empresa verde*. São Paulo: Õte, 2009.

LAZZARINI, Sergio G. *Capitalismo de laços*: os donos do Brasil e suas conexões. São Paulo: Campus, 2010.

LEAL, Maria José; CAMURI, Walter César. A governança corporativa e os modelos mundialmente praticados. *Revista de Ciências Gerenciais*, Valinhos, SP, v. 12, n. 15, p. 59-74, 2008. Disponível em: <http://sare.unianhanguera.edu.br/index.php/rcger/article/viewFile/299/299>. Acesso em: out. 2011.

LEÃO XIII (papa). *Carta encíclica Rerum Novarum*, Roma, 15 maio 1891. Disponível em: <www.vatican.va/holy_father/leo_xiii/encyclicals/documents/hf_l-xiii_enc_15051891_rerum-novarum_po.html>. Acesso em: out. 2011.

LEISINGER, Klaus; SCHMITT, Karin. *Ética empresarial*. Petrópolis: Vozes, 2001.

LETHBRIDGE, Eric. Governança corporativa, *Revista do BNDES*, dez. 1997. Disponível em: <www.bndes.gov.br/SiteBNDES/export/sites/default/bndes_pt/Galerias/Arquivos/conhecimento/revista/rev809.pdf>. Acesso em: out. 2011.

MARCHIONNI, Antonio. *Ética*: a arte do bem. Petrópolis: Vozes, 2008.

MARINELLI, Marcos. Um estudo exploratório sobre o estágio da governança corporativa nas empresas brasileiras. *Revista Brasileira de Gestão de Negócios*, ano 7, n. 19, p. 57-66, set./dez. 2005. Disponível em: <http://200.169.97.104/seer/index.php/RBGN/article/viewFile/50/43>. Acesso em: 29 dez. 2010.

MARTINS, Ives Gandra (Coord.). *Ética no direito e na economia*. São Paulo: Pioneira, 1999.

MATOS, Adriano Soares de Moura Costa. *Filosofia de direito e justiça na obra de Hans Kelsen*. Belo Horizonte: Del Rey, 2006.

MATTAR NETO, João Augusto. *Filosofia e ética na administração*. São Paulo: Saraiva, 2004.

MATTEDI, Leonardo Giubeti. *Como a governança corporativa pode ajudar o fortalecimento do mercado de capitais brasileiro*. 2006. 121 f. Dissertação (Mestrado Profissionalizante em Administração) – Faculdade de Economia e Finanças, Instituto Brasileiro de Mercado de Capitais, Rio de Janeiro, 2006. Disponível em: <www.ibmecrj.br/sub/RJ/files/ADM_leanardomattedi_jan.pdf >. Acesso em: out. 2011.

MEIRA, Fabio Bittencourt. A ética empresarial em movimento: as (de)limitações do campo. *Revista Gestão e Planejamento*, Salvador, v. 11, n. 1, p. 119-138, jan./jun. 2010.

MELO NETO, Francisco Paulo de; FROES, César. *Gestão da responsabilidade social corporativa*: o caso brasileiro. Rio de Janeiro: Qualitymark, 2001.

MENDONÇA, J. Ricardo C de; AMANTINO-DE-ANDRADE, Jackeline. Gerenciamento de impressões: em busca de legitimidade organizacional. *Revista de Administração de Empresas (RAE)*, São Paulo, v. 43, n. 1, p. 36-48, jan./mar. 2003.

MILLS, Stuart John. *El utiltarismo*. Madri: Alinaza, 2005.

MOHINDRA, Desirée. Global Anti-Corruption Initiatives: a Call for More Companies to Fight Corruption. *World Economic Forum (WEF)*, Nova York, Dec. 2010. Disponível em: <www.weforum.org/node/66473>. Acesso em: 12 dez. 2010.

MONTESQUIEU. *Teoria dos três poderes*. São Paulo: Nova Cultural, 1985. (Os pensadores).

MONTORO, Antonio Franco. Retorno à ética na virada do século. In: RAMOS, Ernesto Lopes. *Ética*: na virada do século. São Paulo: LTR, 1997.

MOREIRA, Joaquim Manhães. *A ética empresarial no Brasil*. São Paulo: Pioneira, 1999.

NERI, Demétrio. *Filosofia moral*. São Paulo: Loyola, 2004.

O COMPROMISSO da empresa. *Revista da ADCE*, ano VI, n. 18, p. 25, [s.d.].

OLIVEIRA, Darcio. Profissão de risco. *Época*, n. 39, p. 80-86, maio 2010.

ORGANIZAÇÃO DAS NAÇÕES UNIDAS. *Pacto global*. Nova York: ONU, 2000. Disponível em: <www.pactoglobal.org.br/dezPrincipios.aspx>. Acesso em: nov. 2011.

PEDERSEN, Michael. Kicking Corruption out of Brazil: Good for Business. *World Economic Forum (WEF)*, Nova York, 2010. Disponível em: <www3.weforum.org/docs/WEF_PACI_KickingCorruptionBrazil_Article_2010.pdf>. Acesso em: 12 dez. 2010.

PEREIRA, Anísio Cândido et al. A relevância do passivo oculto no *disclosure* da informação contábil. *Revista Álvares Penteado*, São Paulo, n. 6, p.107-118, jun. 2001.

PRINCÍPIOS para o investimento responsável (PRI). S. l.: PRI, 2006. Disponível em: <www.unpri.org/principles/portuguese.php>. Acesso em: dez. 2011.

PRINCIPLES for Responsible Management Education (PRME). S. l.: PRME Steering Committee, 2011. Disponível em: <www.unprme.org/the-6-principles/index.php>. Acesso em: dez. 2011.

QUADROS, Gisela Adriana Siqueira de et al. *Dimensão temporal no papel dos stakeholders*: um estudo de caso em uma cooperativa agropecuária gaúcha. In: CONGRESSO INTERNACIONAL DE ECONOMIA E GESTÃO DE REDES AGROALIMENTARES, IV., 29-31 out. 2003, Ribeirão Preto, SP. *Anais...* Ribeirão Preto, SP: Faculdade de Economia, Administração e Contabilidade de Ribeirão Preto/USP, 2003. Disponível em: <http://www.pensaconference.org/siteantigo/arquivos_2003/130.pdf>. Acesso em: dez. 2011.

QUENTAL, Guilherme de Araújo Jorge. *Investigação dos impactos da adesão de empresas brasileiras aos segmentos diferenciados de governança corporativa da Bolsa de Valores de São Paulo*. 2007. 107 f. Dissertação (Mestrado) – Universidade Federal do Rio de Janeiro, Rio de Janeiro, 2007. Disponível em: <www.dominiopublico.gov.br/pesquisa/DetalheObraForm.do?select_action=&co_obra=104820>. Acesso em: 2011.

RACHEL, James. *Elementos de filosofia moral*. Lisboa: Gradiva, 2003.

RODRIGUES JUNIOR, Manoel Salgueiro. Custo-benefício na concessão de incentivos fiscais: um estudo de caso. In: INSTITUTO ETHOS. *Responsabilidade social das empresas*: a contribuição das universidades. 3. ed. São Paulo: Peirópolis, 2004. v. 3.

ROSSETTI, J. P. Uma transposição possível e urgente. *Inova.gov*, São Paulo, n. 1, p. 17-21, jan. 2010. Disponível em: <www.inovagov.com.br/uploads/edicoes_anteriores/REVISTA%20FMC%20ED1%20final.pdf>. Acesso: out. 2011.

ROSSONI, Luciano. *Governança corporativa, legitimidade e desempenho das organizações listadas na Bovespa*. 2009. 218 f. Tese (Doutorado em Administração) – Centro de Pesquisa e Pós-Graduação em Administração, Universidade Federal do Paraná, Curitiba, 2009. Disponível em: <http://dspace.c3sl.ufpr.br/dspace/bitstream/1884/24164/1/Tese%20-%20Luciano%20Rossoni%20-%20Legitimidade%20e%20Governanca%20Bovespa.pdf>. Acesso em: dez. 2011.

ROUANET, Sergio Paulo. A deusa razão. In: NOVAES, Adauto (Org.). *A crise da razão*. São Paulo: Companhia das Letras, 2006. p. 285-300.

RUSS, Jacqueline. *Pensamento ético contemporâneo*. São Paulo: Paulinas, 1999.

SAITO, Richard; SILVEIRA, Alexandre Di Micheli da. Governança corporativa: custos de agência e de propriedade. *Revista de Administração Contemporânea*, São Paulo, v. 48, n. 2, p. 7-18, jun. 2008.

SANDERS, Peter. *Madoff*: história da maior fraude financeira de sempre. Vila Nova de Famalicão: Centro Atlântico, 2009.

SARNA, David Y. E. *History of Greed*: Financial Fraud from TulipMania to Bernie Maddof. New Jersey: Willey & Sons, 2010.

SAVATER, Fernando. *Ética para o meu filho*. São Paulo: Martins Fontes, 2004.

SCHEINKMAN, José Alexandre. *O desenvolvimento do mercado de capitais do Brasil*. Princeton: Princeton University, 2001. Disponível em: <www.princeton.edu>. Acesso em: nov. 2011.

SCHLEIFER, Andrei; VISHNY, Robert. A Survey of Corporate Governance. *Journal of Finance*, v. 52, n. 2, p. 737-783, 1997.

SCHWAB, Klaus (Ed.). *The Global Competitiviness Report*: 2010-2011. Genebra: World Economic Forum, 2010. Disponível em: <www3.weforum.org/docs/WEF_GlobalCompetitivenessReport_2010-11.pdf.>. Acesso em: 2 dez. 2010.

SLACK, Nigel; CHAMBERS, Stuart; JOHNSTON, Robert. *Administração da produção*. 2. ed. São Paulo: Atlas, 2002.

SMERALDI, Roberto. *O novo manual de negócios sustentáveis*. São Paulo: Publifolha, 2009.

SOCIAL ACCOUNTABILITY INTERNACIONAL (SAI). *SA-8000:2001*. Nova York: SAI, 2001. Versão em português. Disponível em: <www.sa-intl.org>. Acesso em: dez. 2010.

SOLOMONS, David. Economic and Accounting Concepts of Income. *The Accounting Review*, v. 36, n. 3, p. 374-383, Jul. 1961. Disponível em: <www.jstor.org/stable/242868>. Acesso em: dez. 2011.

SROUR, Gabriel. Práticas diferenciadas de governança corporativa. *Revista Brasileira de Economia (RBE)*, v. 59, n. 4, p. 635-674, out./dez. 2005. Disponível em: <www.scielo.br/pdf/rbe/v59n4/a06v59n4.pdf>. Acesso em: set. 2011.

SROUR, Robert Henry. *Ética empresarial*. Rio de Janeiro: Campus, 2000.

_____. *Poder, cultura e ética nas organizações*. Rio de Janeiro: Campus, 2005.

TEIXEIRA, Alexandre. Conselheiros na berlinda. *Época*, n. 44, out. 2010.

TENÓRIO, Fernando Guilherme. *Responsabilidade social empresarial*: teoria e prática. Rio de Janeiro: FGV, 2007.

THIRY-CHERQUES, Hermano R. *Ética para executivos*. Rio de Janeiro: FGV, 2008.

THOMPSON-FLORES, Elaine Aleixo Lustosa. *Governança corporativa no Brasil e o papel dos investidores institucionais*. 2004. Tese (Doutorado em Engenharia Industrial) – Departamento de Engenharia Industrial, Pontifícia Universidade Católica do Rio de Janeiro, Rio de Janeiro, 2004. Disponível em: <www2.dbd.puc-rio.br/pergamum/tesesabertas/9724951_04_pretextual.pdf>. Acesso em: nov. 2011.

TONIN, Marta Marília. Ética empresarial, cidadania e sustentabilidade. In: ENCONTRO PREPARATÓRIO DO CONSELHO NACIONAL DE PESQUISA E PÓS-GRADUAÇÃO EM DIREITO (CONPEDI), 15., 2006, Recife. *Anais...* Recife: Conpedi, 2006. Disponível em: <www.conpedi.org.br/manaus/arquivos/anais/recife/teoria_da_justica_marta_tonin.pdf>. Acesso em: 1 dez. 2010.

VAZ, Henrique Lima. *Ética e direito*. São Paulo: Loyola, 2002.

_____. *Ética e direito*. São Paulo: Loyola, 2004.

VEBLEN, Thorstein. *The Theory of the Leisure Class*. Boston: Houghton Miffin, 1973.

VICTÓRIA, Lia Beatriz Gomes. Governança corporativa: principais diferenças entre os modelos anglo-saxão e nipo-germânico. In: CONGRESSO DE INICIAÇÃO CIENTÍFICA, 16., 2010, São Paulo. *Anais...* São Paulo: Faculdade de Agronomia Eliseu Maciel, 2010. Disponível em: <www.ufpel.edu.br/cic/2007/cd/pdf/SA/SA_00876.pdf>. Acesso em: 27 dez. 2010.

VIEIRA, Solange Paiva; MENDES, André Gustavo Salcedo Teixeira. Governança corporativa: uma análise de sua evolução e impactos no mercado de capitais brasileiro. *Revista do BNDES*, Rio de Janeiro, v. 11, n. 22, p. 103-122, dez. 2004.

WARDE, Ibrainh. Maddof, o maior trapaceiro de todos os tempos. *Le Monde Diplomatique Brasil*, 5 ago. 2009. Disponível em: <www.diplomatique.org.br/artigo.php?id=376>. Acesso em: 22 set. 2012.

WILLIAMS, E. E.; FINDLAY, M. C. Corporate Governance: a Problem of Hierarchies and Self-Interest. *The American Journal of Economics and Sociology*, v. 43. n. 1. p. 19-36, 1984.

Anexo – Linha do tempo da sustentabilidade

Anos	Fatos
2012	Realizada no Brasil a Conferência das Nações Unidas sobre Desenvolvimento Sustentável – conhecida também como Rio+20 – com o objetivo de discutir a renovação do compromisso político com o desenvolvimento sustentável. Considerada o maior evento já realizado pelas Nações Unidas, a Rio+20 contou com a participação de chefes de Estados de 190 nações.
2008	Projeto de Lei da Política Nacional de Mudanças Climáticas é debatido com a sociedade.
2006	VIII Conferência das Partes da Convenção da Diversidade Biológica, que aconteceu em Curitiba. Representantes de governos de mais de 150 países se reuniram para tomar decisões sobre biossegurança, acesso e repartição de benefícios e implementação dos direitos das populações tradicionais sobre a biodiversidade.
2006	Realização, pela primeira vez no Brasil, do Carbon Disclosure Project – requerimento coletivo de informações sobre a emissão de gases do efeito estufa, formulado por investidores institucionais sobre o posicionamento das maiores empresas com ações negociadas em bolsa em relação às mudanças climáticas.
2005	Lançamento da avaliação ecossistêmica do milênio, quando cientistas fizeram ampla análise dos serviços dos ecossistemas.

Continua

Anos	Fatos
2005	Lançamento do ISE (Índice de sustentabilidade empresarial) da Bolsa de Valores de São Paulo (Bovespa). Acompanha o desempenho financeiro de empresas líderes em sustentabilidade com ações negociadas na Bovespa.
2003	Nasce o Centro de Estudos em Sustentabilidade (CES), na Fundação Getulio Vargas, com a missão de medir e avaliar riscos e oportunidades associados a áreas de impacto aparentemente não financeiras, como meio ambiente, responsabilidade social e governança corporativa.
2003	Estabelecimento dos "Princípios do Equador" – Banco Mundial e International Finance Corporation (IFC), em conjunto com uma série de bancos privados, firmam critérios de análise de risco socioambiental no financiamento de projetos acima de US$ 50 milhões (reduzido em 2006 para US$ 10 milhões).
2002	Realizada a Cúpula Mundial sobre Desenvolvimento Sustentável, conhecida como Cúpula do Milênio ou Rio+10. Ocorreu em Johannesburgo, África do Sul, e teve como metas a implementação da Agenda 21 mundial e avaliação dos obstáculos encontrados para atingir as metas propostas na Rio-92 e dos resultados alcançados em 10 anos.
2001	O Global Reporting Initiative (GRI) disponibiliza suas diretrizes em português, com o objeto de divulgar no Brasil os resultados obtidos dentro do período relatado, no contexto dos compromissos da estratégia e da forma de gestão da organização.
2000	Realizada a Cúpula do Milênio da ONU, em Nova York, que deu origem à Declaração do Milênio, a qual define os oito objetivos de desenvolvimento do milênio – metas concretas a serem atingidas pelos 191 Estados-membros da ONU até 2015.
2000	Lançamento dos Indicadores Ethos de responsabilidade social. São ferramentas de aprendizado e avaliação da gestão no que se refere à incorporação de práticas de responsabilidade social e empresarial ao planejamento estratégico e ao monitoramento e desempenho geral da empresa.
2000	Lançada pelo então presidente da República, Fernando Henrique Cardoso, a Agenda 21 Brasileira, com o objetivo de ampliar as discussões relativas à sustentabilidade nacional nos âmbitos estadual e regional.

Continua

Anos	Fatos
1999	O Fórum Econômico Mundial é realizado pela ONU, reunindo líderes empresariais. Palco de criação do Pacto de Responsabilidade Social, com o propósito de auxiliar as empresas instaladas no Brasil a assimilar o conceito de responsabilidade social empresarial e incorporá-lo ao dia a dia de sua gestão, num processo contínuo de avaliação e aperfeiçoamento.
1999	Instituído o Pacto Global, desafio proposto por Kofi Annan, então secretário-geral da ONU. Busca a mobilização do setor privado para o alinhamento das práticas empresariais com valores universais nas áreas de direitos humanos, trabalho, meio ambiente e combate à corrupção.
1999	Criação do Índice Dow Jones de sustentabilidade. É o primeiro índice global que acompanha o desempenho financeiro das companhias líderes em sustentabilidade em todo o mundo com papéis negociados na Bolsa de Nova York.
1998	No Brasil é aprovada a Lei nº 9.605 (Lei de Crimes Ambientais). Trata-se de um instrumento que garante a agilidade na punição aos infratores do meio ambiente. Dispõe sobre as sanções penais e administrativas derivadas de condutas e atividades lesivas ao meio ambiente.
1998	Criação do "Selo Balanço Social Ibase", oferecido às empresas que cumpriram os critérios de transparência e divulgação na elaboração do balanço social, de acordo com o modelo do Ibase. Esse selo demonstra que a empresa já deu o primeiro passo para se tornar uma verdadeira empresa-cidadã.
1998	Fundação do Instituto Ethos de Empresas e Responsabilidade Social com o propósito de auxiliar as empresas instaladas no Brasil a assimilar o conceito de responsabilidade social empresarial e incorporá-lo ao dia a dia de sua gestão, num processo contínuo de avaliação e aperfeiçoamento.
1997	Instituição da Agenda 21 Brasileira pela Comissão de Política e Desenvolvimento Sustentável para a Agenda 21 – processo de planejamento participativo para o desenvolvimento sustentável que tem como eixo central a sustentabilidade, compatibilizando a conservação natural, a justiça e o crescimento econômico.
1997	No Brasil é fundado o Conselho Empresarial Brasileiro de Desenvolvimento Sustentável (CEBDS), que surge com o objetivo de integrar os princípios e as práticas do desenvolvimento sustentável no contexto dos negócios, conciliando as dimensões econômica, social e ambiental.

Continua

Anos	Fatos
1997	Assinatura do Protocolo de Quioto, documento que estabelece, para os países desenvolvidos signatários, metas de redução das emissões de gases de efeito estufa.
1995	No Brasil é fundado o Grupo de Institutos, Fundações e Empresas (Gife), fruto do fortalecimento da sociedade civil e da conscientização do empresariado brasileiro. Reúne empresas que fazem investimento social privado.
1993	Realizada pela ONU, em Viena e com a participação de 171 Estados, a Conferência Mundial sobre Direitos Humanos, que reafirma o compromisso com a Declaração Universal dos Direitos Humanos.
1992	Criação da Fundação Brasileira para o Desenvolvimento Sustentável (FBDS), instituída com o objetivo de implementar as convenções e os tratados aprovados na Eco-92. É uma entidade que pensa e estrutura projetos de desenvolvimento sustentável, graças a uma organização que concilia a fronteira do conhecimento com capacidade gerencial.
1992	Realização da Eco-92 – Conferência das Nações Unidas sobre Meio Ambiente e Desenvolvimento – ou Rio 92, na qual foram elaborados documentos importantes, como a Declaração do Rio e a Convenção-Quadro sobre Mudanças Climáticas. O evento foi o ponto de partida para o Protocolo de Quioto e a Agenda 21.
1988	O Programa das Nações Unidas para o Meio Ambiente (Pnuma) e a Organização Meteorológica Mundial constituem o Painel Intergovernamental sobre Mudanças Climáticas (IPCC), com o objetivo de fornecer informações científicas, técnicas, ambientais, sociais e econômicas que contribuam para o entendimento das mudanças climáticas.
1987	Gro Brundtland, primeira-ministra da Noruega, publica o Relatório Brundtland no documento "Nosso Futuro Comum", pela Comissão Mundial de Meio Ambiente e Desenvolvimento, então chefiada por ela.
1981	Fundação do Instituto Brasileiro de Análises Sociais e Econômicas (Ibase), que tem entre seus fundadores o sociólogo Herbert de Souza, o Betinho. Uma instituição sem fins lucrativos cuja missão é aprofundar a democracia, seguindo os princípios de igualdade, liberdade, participação cidadã, diversidade e solidariedade.
1981	No Brasil, a Lei nº 6.938 institui a Política Nacional do Meio Ambiente, com o objetivo de preservar, melhorar e recuperar a qualidade ambiental propícia à vida, visando dar condições ao desenvolvimento socioeconômico, aos interesses da segurança nacional e à proteção da dignidade da vida humana.

Continua

Anos	Fatos
Anos 1980	Lester Brown, fundador do Earth Policy Institute, cunha o termo "sustentabilidade".
Anos 1970	Os conceitos de sustentabilidade se expandem pelo mundo a partir da Conferência da ONU sobre Meio Ambiente Humano, realizada em Estocolmo, na Suécia, em 1972.
Anos 1960	A bióloga americana Rachel Carson publica o livro *Primavera silenciosa*, considerado um marco para o entendimento das inter-relações entre economia, meio ambiente e questões sociais.
Anos 1950	Nas universidades americanas já se discute o conceito de responsabilidade social empresarial.

Fonte: adaptado de Conselho Empresarial Brasileiro para o Desenvolvimento Sustentável (CEBDS) (s.d.).

Os autores

Rubens Mazzali

Especialista em Economia de Empresas e graduado em Ciências Econômicas pela Pontifícia Universidade Católica de Campinas, é economista-chefe do Escritório de Sustentabilidade Estratégica do Instituto Superior de Administração e Economia do Mercosul (FGV). Professor convidado do FGV Management e conselheiro independente de empresas. Foi presidente do Comitê de Sustentabilidade da American Chamber of Commerce.

Annibal Pedro Schleder Junior

Doutor em Gestão e Desenvolvimento Organizacional pelo Instituto Universitário de Lisboa, mestre em Gestão Empresarial e especialista em *Management* pela Fundação Getulio Vargas e graduado em Arquitetura e Urbanismo pela universidade Gama Filho. Consultor em Gestão Empresarial. Ex-diretor-executivo do Unibanco, da Telemar e da rede D'or de hospitais. Professor convidado do FGV Management.

Eduardo Rosa Pedreira

Doutor e mestre em Teologia pela Pontifícia Universidade Católica do Rio de Janeiro e bacharel em Teologia pela Universidade Mackenzie. Pesquisador de ética e bem-estar como fator de produtividade sustentável e de sustentabilidade corporativa. É professor convidado do FGV Management.

Este livro foi impresso nas oficinas gráficas da Editora Vozes Ltda.,
Rua Frei Luís, 100 – Petrópolis, RJ.